W0062173

Inseln des Glücks

Inseln des Glücks

Die schönsten Gartengeschichten
der Bibel

Ausgewählt und eingeleitet von
Gisela Andresen

Deutsche Bibelgesellschaft
edition chrismon

Neuauflage des 2006 veröffentlichten Buches mit dem Titel
»Gartengeschichten der Bibel«

Bibeltext:
Gute Nachricht Bibel
Revidierte Fassung, durchgesehene Ausgabe
© 2000 Deutsche Bibelgesellschaft, Stuttgart

Die Deutsche Bibelgesellschaft ist eine kirchliche Stiftung des
öffentlichen Rechts. Sie übersetzt die biblischen Schriften, entwickelt und verbreitet innovative Bibelausgaben und eröffnet für alle
Menschen Zugänge zur Botschaft der Bibel. International verant-
wortet sie die wissenschaftlichen Bibelausgaben in den Ursprachen.
Durch die Weltbibelhilfe unterstützt sie in Zusammenarbeit mit
dem Weltverband der Bibelgesellschaften (United Bible Societies)
weltweit die Übersetzung und Verbreitung der Bibel, damit alle
Menschen die Bibel in ihrer Sprache lesen können.
Weitere Informationen finden Sie unter www.die-bibel.de

ISBN 978-3-438-04817-2 (Deutsche Bibelgesellschaft)
ISBN 978-3-96038-131-0 (edition chrismon)

© 2006/2018 Deutsche Bibelgesellschaft, Stuttgart
Satz: Typograffiti Birgit Neumann, Neckartenzlingen
Einband: JoussenKarliczek GmbH, Schorndorf
Titelabbildung: stocksy.com/1159152, © Studio Firma
Gesamtherstellung: Livoniaprint, Riga
Alle Rechte vorbehalten
Printed in Latvia

www.die-bibel.de
www.eva-leipzig.de

»Bin im Garten ...«

Vorwort

»Bin im Garten ...« – ein solcher Hinweis an der Haustür weckt viele Assoziationen: im Garten also? Vielleicht gemütlich auf der Bank mit einer Tasse Tee? Beim Unkrautjäten oder Umgraben? Bei der Apfelernte vielleicht oder beim Rosenschneiden? ... Die Fülle der Möglichkeiten macht neugierig. Wir gehen in den Garten und schauen nach. Vielleicht können wir uns ein wenig dazusetzen, den Duft der Blumen genießen, einen Apfel probieren, ein gutes Gespräch führen.

»Bin im Garten ...« – dieser Hinweis hilft nicht nur Menschen weiter, die eine Gartenfreundin besuchen wollen. Er hilft auch Gott-Suchern. Denn wenn sie die Geschichten der Bibel lesen, können sie entdecken, dass Gott oft im Garten zu finden ist: Im Garten Eden geht er umher und ruft: »Adam, wo bist du?« Im Gelobten Land pflanzt Gott sein Volk wie einen Weinberg und lässt es erblühen wie eine Lilie. Den Garten der Liebe erfüllt Gott mit wunderbaren Düften und zeigt den Verliebten die Schönheit seiner Schöpfung. Im Garten Getsemani kämpft Gott um seine Liebe zu den Menschen. Im Friedhofsgarten begegnet er Maria Magdalena als Gärtner ihrer Seele. Im Garten des himmlischen Jerusalems am Strom des Lebens wohnt Gott bei den Menschen und wischt alle Tränen von ihren Augen. Gott ist im Garten – als Gärtner – und in jedem Samenkorn, das aufbricht, sich verwandelt und heranwächst zu einem neuen Leben. »Bin im Garten ... im Keimen, Wachsen und Blühen, im Vergehen und wieder Auferstehen!«

Wer sich auf die Spur der biblischen Gartengeschichten begibt, wird staunen, wie viel Erdverbundenheit man in der Heiligen Schrift finden kann, wie viele handfeste Erfahrungen von Gärtnerinnen, Weinbauern, Landwirten und Heilkundigen in einem Buch gesammelt wurden, das uns doch eher am »Überirdischen« interessiert zu sein scheint. Das hat seinen Grund vielleicht auch darin, dass der Garten in der Bibel ein Gleichnis für das Leben der Menschen in der Gegenwart Gottes ist. Zu guter Letzt – oder zuerst – ist der Garten in der Bibel auch ein Traum von einer Welt, wie sie sein könnte: ein Ort der Schönheit und des Friedens, der Fruchtbarkeit und des Heils und der innigen Verbundenheit alles Lebendigen.

Im Paradiesgarten

Die Tourismusbranche spricht von den »letzten Paradiesen« und lockt müde und abgehetzte Menschen auf Südseeinseln und in Bioreservate. Internetseiten versprechen unberührte Landschaften und eine artenreiche Tierwelt, saubere Flüsse und Seen, traumhafte Gärten, freundliche Menschen, Ruhe und Erholung. Einen Zipfel vom Paradies zu erhaschen, wenigstens im Urlaub – davon träumen viele Menschen. Und wirklich gelingt es manchen, für kurze Zeit im Jahr ihr kleines Paradies zu finden und daraus gestärkt hervorzugehen. Für einige ist es eine Blumenterrasse am Mittelmeer, für andere der liebevoll gehegte Schrebergarten vor der Stadt. Viele Menschen tragen darüber hinaus in sich die unbestimmte Hoffnung auf ein ewiges Leben im Paradies am Ende ihrer Tage. Diese Hoffnung wird gespeist aus ihren zeitlich begrenzten, irdischen Paradieserfahrungen und aus den Glaubensüberzeugungen ihrer Religion.

Den Traum vom Paradies gibt es bei fast allen Völkern der Erde. Als eine Urerfahrung und Ursehnsucht der Menschen scheint sich diese Vorstellung in der Seele der Menschheit festgesetzt zu haben. Dabei wird das Paradies ebenso als urzeitlicher wie als endzeitlicher Glückszustand gedacht. In vielen Religionen – so auch im   **11**

jüdisch-christlichen Glauben – erscheint das urzeitliche
Paradies am Anfang der Welt als ein vollkommener Garten, in dem der Mensch in der Gegenwart Gottes sorgen-
frei und im Einklang mit sich und allen anderen Lebewesen zu Hause ist.

Wasserreichtum, der die Fruchtbarkeit des Gartens ge-
währleistet, ist ein Grundmotiv der Paradiesvorstellung,
ebenso wie der Lebensbaum, dessen Früchte und Blätter
Heilung, Verjüngung und Unsterblichkeit schenken. Seine
Zweige gewähren Tieren und Menschen Schutz. Wasser
und Baum kehren auch in den endzeitlichen Paradies-
vorstellungen wieder: Am Ende der Zeit kommen Menschen zurück zum Paradiesstrom und essen an seinen
Ufern von den Bäumen des Lebens und der Heilung. Sie
leben in Frieden mit der Natur in Gottes fruchtbarem
Garten.

Der große Gärtner
Macht und Güte des Schöpfers

»In der Natur bin ich meinem Gott ganz nahe; da habe ich
das Bedürfnis, den Schöpfer zu loben für all die Schönheit
und die sinnvolle Ordnung, die er geschaffen hat. Ich
ahne seine Größe und Güte, wenn ich unter freiem Himmel bin, die Vögel singen höre und sehe, wie alles wächst
und gedeiht.« So oder ähnlich empfinden viele Menschen. Sie erleben, dass ihnen die Natur eine unmittel-

12

bare Beziehung zu den Geheimnissen der Religion vermittelt. Hier draußen fühlen sie sich von starken und heilsamen Kräften umgeben und feiern ihren ganz persönlichen Gottesdienst. Die Vorstellung von Gott als einem großen Gärtner, der die Schöpfung wie einen riesigen Garten wunderbar angelegt hat und versorgt, kommt ihnen entgegen. Sie staunen über die Weisheit, mit der alles aufeinander bezogen ist und zusammenspielt: die Jahres und Tageszeiten, Licht und Dunkelheit, Wasser und Land, Tiere und Pflanzen, die Fruchtbarkeit des Feldes und der Bäume und die Menschen, die mitten in diesen Garten gesetzt sind. Und sie beginnen zu vertrauen, dass die Hand eines großen Gärtners über ihnen ist, die das Chaos in seine Schranken weist, für das Wohlergehen der Geschöpfe sorgt und die Natur immer von Neuem erblühen lässt.

Der bekannte norddeutsche Maler Emil Nolde hat 1940 als über Siebzigjähriger ein Ölbild mit dem Titel »Der große Gärtner« gemalt. Dieses Bild kann als Darstellung der Personifikation einer gütigen, die ganze Natur durchwaltenden Schöpfermacht gedeutet werden. Wir sehen darauf einen alten bärtigen Mann, der – am oberen Bildrand angeschnitten – wie aus dem Himmel auf eine weite grüne Landschaft mit Bäumen zu schauen scheint. Mit einer vorsichtigen Handbewegung berührt er eine riesige Blume, die in warmem Gelb über den Baumwipfeln leuchtet. Das Bild wirkt wie eine Illustration des großen Schöpfungspsalms, den Menschen in alttestament

13

licher Zeit gedichtet haben und der vielen noch heute
aus dem Herzen spricht. (Psalm 104,1-24. 27-31)

Auf, mein Herz, preise den HERRN!
HERR, mein Gott, wie groß du bist!
In Hoheit und Pracht bist du gekleidet,
in Licht gehüllt wie in einen Mantel.
Den Himmel spannst du aus wie ein Zeltdach.
Droben über dem Himmelsozean
hast du deine Wohnung gebaut.
Du nimmst die Wolken als Wagen
oder fliegst auf den Flügeln des Windes.
Stürme sind deine Boten
und das Feuer ist dein Gehilfe.
Du hast die Erde auf Pfeilern erbaut,
nun steht sie fest und stürzt nicht zusammen.
Die Fluten hatten das Land bedeckt,
das Wasser stand über den Bergen.
Vor deiner Stimme bekam es Angst;
es floh vor dem Grollen deines Donners.
Von den Bergen floss es ab in die Täler,
an den Ort, den du ihm zugewiesen hast.
Dann hast du dem Wasser Grenzen gesetzt,
nie wieder darf es die Erde überfluten.

Du lässt Quellen entspringen und zu Bächen werden;
zwischen den Bergen suchen sie ihren Weg.
Sie dienen den wilden Tieren als Tränke,

Wildesel löschen dort ihren Durst.
An den Ufern bauen die Vögel ihre Nester,
aus dichtem Laub ertönt ihr Gesang.
Vom Himmel schickst du den Regen auf die Berge
und gibst der Erde reichlich zu trinken.
Du lässt das Gras sprießen für das Vieh
und lässt die Pflanzen wachsen,
die der Mensch für sich anbaut,
damit die Erde ihm Nahrung gibt:
Der Wein macht ihn froh,
das Öl macht ihn schön,
das Brot macht ihn stark.

Auch die großen Bäume trinken sich satt,
die Libanonzedern, die du gepflanzt hast.
In ihren Zweigen nisten die Vögel,
hoch in den Wipfeln hausen die Störche.
Den Steinböcken gehören die hohen Berge,
in den Felsen finden die Klippdachse Zuflucht.

Du hast den Mond gemacht,
um die Zeit zu teilen;
die Sonne weiß, wann sie untergehen muss.
Schickst du die Dunkelheit, so wird es Nacht
und die Tiere im Dickicht regen sich.
Die jungen Löwen brüllen nach Beute;
sie erwarten von dir, Gott,
dass du sie satt machst. **15**

Geht dann die Sonne auf,
so ziehen sie sich zurück
und ruhen in ihren Verstecken aus.
Nun erwacht der Mensch;
er geht an seine Arbeit und müht sich,
bis es wieder Abend wird.

Herr, was für Wunder hast du vollbracht!
Alles hast du weise geordnet;
die Erde ist voll von deinen Geschöpfen.

Alle deine Geschöpfe warten darauf,
dass du ihnen Nahrung gibst zur rechten Zeit.
Sie nehmen, was du ihnen ausstreust;
du öffnest deine Hand
und sie alle werden satt.
Doch wenn du dich abwendest, sind sie verstört.
Wenn du den Lebenshauch zurücknimmst,
kommen sie um und werden zu Staub.
Schickst du aufs Neue deinen Atem,
so entsteht wieder Leben.
Du erneuerst das Gesicht der Erde.

Die Herrlichkeit des Herrn
bleibe für immer bestehen;
der Herr freue sich an allem,
was er geschaffen hat!

Der Mensch im Einklang mit der Natur
Im Garten Eden

Wenn wir etwas verloren haben, begreifen wir oft erst, wie kostbar es für uns ist. So geht es uns auch mit dem Garten Eden, dem Paradies. Wir erleben heute so viel Entfremdung von der Natur, so viel durch Menschen angerichtete Umweltzerstörung, dass uns ein Leben im Einklang mit der Schöpfung wie ein leuchtendes Sehnsuchtsbild vor Augen steht. Die Werbung hat unsere Sehnsucht erkannt und lockt mit »Urlaubsparadiesen« und ähnlichen Angeboten. Wir träumen von sauberen Stränden und reiner Luft, gesunden Wäldern und glücklichen Kühen. Vor allem aber träumen wir von Menschen, die ein geschwisterliches Zusammengehörigkeitsgefühl auch mit den Pflanzen und Tieren empfinden und darum achtsam mit allen Lebewesen umgehen. Wie schön könnte es auf der Erde sein, wenn alle Menschen ihr Leben als Gottesgeschenk begriffen – verbunden mit dem Auftrag, diesen Planeten wie einen kostbaren Garten zu pflegen und zu bewahren!
Ein chinesisches Sprichwort sagt, dass das Leben mit dem Tag beginnt, an dem man einen Garten anlegt. Genauso sieht es die Schöpfungsgeschichte der Bibel: Gott, der große Gärtner, legt in der Landschaft Eden (Hebräisch *eden* = Wonne, Griechisch *paradeisos* = Park, Garten) einen Garten an. Der Strom des Lebens entspringt in Eden und teilt sich in vier Flüsse, um das Land in allen Himmelsrichtungen zu bewässern. Die Menschen, aus Erde

17

gemacht wie alle vergänglichen Wesen (Hebräisch *adam* = Mensch, *adama* = Erde), bekommen von Gott Lebenskraft und zugleich Mitverantwortung für das Gedeihen des Gartens. Das biblische Paradies ist also kein Schlaraffenland. Es ist eine Aufgabe für Gärtnerinnen und Gärtner, die das ihnen anvertraute Leben lieben und darin Gottes Partnerinnen und Partner sein wollen. (1 Mose/ Genesis 2,4b-17)

Als Gott, der HERR, Erde und Himmel machte, gab es zunächst noch kein Gras und keinen Busch in der Steppe; denn Gott hatte es noch nicht regnen lassen. Es war auch noch niemand da, der das Land bearbeiten konnte. Nur aus der Erde stieg Wasser auf und tränkte den Boden.

Da nahm Gott, der HERR, Staub von der Erde, formte daraus den Menschen und blies ihm den Lebensatem in die Nase. So wurde der Mensch ein lebendes Wesen.

Dann legte Gott im Osten, in der Landschaft Eden, einen Garten an. Er ließ aus der Erde alle Arten von Bäumen wachsen. Es waren prächtige Bäume und ihre Früchte schmeckten gut. Dorthin brachte Gott den Menschen, den er gemacht hatte.

In der Mitte des Gartens wuchsen zwei besondere Bäume: der Baum des Lebens, dessen Früchte Unsterblichkeit schenken, und der Baum der Erkenntnis, dessen Früchte das Wissen verleihen, was für den Menschen gut und was für ihn schlecht ist.

In Eden entspringt ein Strom. Er bewässert den Garten und teilt sich dann in vier Ströme. Der erste heißt Pischon; er fließt rund um das Land Hawila, wo es Gold gibt. Das Gold dieses Landes ist ganz rein, außerdem gibt es dort kostbares Harz und den Edelstein Karneol. Der zweite Strom heißt Gihon; er fließt rund um das Land Kusch. Der dritte Strom, der Tigris, fließt östlich von Assur. Der vierte Strom ist der Eufrat.

Gott, der HERR, brachte also den Menschen in den Garten Eden. Er übertrug ihm die Aufgabe, den Garten zu pflegen und zu schützen. Weiter sagte er zu ihm: »Du darfst von allen Bäumen des Gartens essen, nur nicht vom Baum der Erkenntnis. Sonst musst du sterben.«

Jenseits von Eden
Der Verlust des Paradieses

Viele Menschen erinnern sich noch heute an den 1955 jung verstorbenen Schauspieler James Dean, der in dem Film »Jenseits von Eden« die Rolle des unglücklichen Sohnes spielte. In einem aussichtslosen Kampf um die Liebe seines Vaters wird er schließlich zum Außenseiter und lebt »jenseits von Eden«.

Die Bibel erzählt von Adam und Eva, die herausfallen aus ihrem glücklichen Leben im Paradiesgarten. Jenseits von Eden verwandelt sich ihre bis dahin befriedigende Gartenarbeit in mühsame Plackerei. Die Natur, mit der sie vorher in friedlichem Einklang gelebt haben, wird zum Feind, und es wird schwer, ihr das tägliche Brot abzuringen. Die Partnerschaft der beiden Menschen gerät aus dem Gleichgewicht. Schmerzen begleiten fortan Schwangerschaft und Kindsgeburt. Das Leben wird zum Kampf und der Abstand zu Gott scheint unüberwindlich.

Wie ist es zum Verlust des Paradieses gekommen? Was hat es auf sich mit der verbotenen Frucht, aus der im Laufe der Religionsgeschichte ein Granatapfel, in unseren Breiten ein Paradiesapfel geworden ist? Gott verbietet Adam und Eva, Früchte vom Baum der Erkenntnis zu essen. Alles zu wissen über Gut und Böse ist allein ihm vorbehalten, dem Menschen wird hier eine Grenze gesetzt. Adam und Eva sind frei, Gott zu vertrauen und diese von ihm gesetzte Grenze einzuhalten oder aber sie zu überschreiten. Sie aber wollen sein wie Gott. Darin überschätzen sie ihre eigenen Möglichkeiten und setzen die vertrauensvolle Beziehung zu ihrem Schöpfer aufs Spiel. Nachdem sie die verbotene Frucht gegessen haben, verlieren sie den Garten, in dem sie bis dahin zu Hause waren. Zeit ihres Lebens werden sie sich nach ihm sehnen. (1 Mose/Genesis 3)

Die Schlange war das klügste von allen Tieren des Feldes, die Gott, der HERR, gemacht hatte. Sie fragte die Frau: »Hat Gott wirklich gesagt: ›Ihr dürft die Früchte von den Bäumen im Garten nicht essen‹?« »Natürlich dürfen wir sie essen«, erwiderte die Frau, »nur nicht die Früchte von dem

Baum in der Mitte des Gartens. Gott hat gesagt: ›Esst nicht davon, berührt sie nicht, sonst müsst ihr sterben!‹«

»Nein, nein«, sagte die Schlange, »ihr werdet bestimmt nicht sterben! Aber Gott weiß: Sobald ihr davon esst, werden euch die Augen aufgehen; ihr werdet wie Gott sein und wissen, was gut und was schlecht ist. Dann werdet ihr euer Leben selbst in die Hand nehmen können.«

Die Frau sah den Baum an: Seine Früchte mussten köstlich schmecken, sie anzusehen war eine Augenweide und es war verlockend, dass man davon klug werden sollte! Sie nahm von den Früchten und aß. Dann gab sie auch ihrem Mann davon und er aß ebenso. Da gingen den beiden die Augen auf und sie merkten, dass sie nackt waren. Deshalb flochten sie Feigenblätter zusammen und machten sich Lendenschurze.

Am Abend, als es kühler wurde, hörten sie, wie Gott, der HERR, durch den Garten ging. Da versteckten sich der Mensch und seine Frau vor Gott zwischen den Bäumen. Aber Gott rief nach dem Menschen: »Wo bist du?« Der antwortete: »Ich hörte dich kommen und bekam Angst, weil ich nackt bin. Da habe ich mich versteckt!«

»Wer hat dir gesagt, dass du nackt bist?«, fragte Gott. »Hast du etwa von den verbotenen Früchten gegessen?« Der Mensch erwiderte: »Die Frau, die du mir an die Seite gestellt hast, gab mir davon; da habe ich gegessen.« Gott, der HERR, sagte zur Frau: »Was hast du da getan?« Sie antwortete: »Die Schlange ist schuld, sie hat mich zum Essen verführt!« Da sagte Gott, der HERR, zu der Schlange:

»Verflucht sollst du sein wegen dieser Tat! Auf dem Bauch wirst du kriechen und Staub fressen dein Leben lang – du allein von allen Tieren. Und Feindschaft soll herrschen zwischen dir und der Frau, zwischen deinen Nachkommen und den ihren. Sie werden euch den Kopf zertreten, und ihr werdet sie in die Ferse beißen.«

Zur Frau aber sagte Gott: »Ich verhänge über dich, dass du Mühsal und Beschwerden hast, jedes Mal wenn du schwanger bist; und unter Schmerzen bringst du Kinder zur Welt. Es wird dich zu deinem Mann hinziehen, aber er wird über dich herrschen.«

Und zum Mann sagte Gott: »Weil du auf deine Frau gehört und mein Verbot übertreten hast, gilt von nun an: Deinetwegen ist der Acker verflucht. Mit Mühsal wirst du dich davon ernähren, dein Leben lang. Dornen und Disteln werden dort wachsen, und du wirst die Pflanzen des Feldes essen. Viel Schweiß musst du vergießen, um dein tägliches Brot zu bekommen, bis du zurückkehrst zur Erde, von der du genommen bist. Ja, Staub bist du, und zu Staub musst du wieder werden!«

Der Mensch nannte seine Frau Eva, denn sie sollte die Mutter aller Menschen werden.

Und Gott, der Herr, machte für den Menschen und seine Frau Kleider aus Fellen.

Dann sagte Gott: »Nun ist der Mensch wie einer von uns geworden und weiß, was gut und was schlecht ist. Es darf nicht sein, dass er auch noch vom Baum des Lebens isst. Sonst wird er ewig leben!« Und er schickte den Menschen aus dem Garten Eden weg, damit er den Ackerboden bearbeite, aus dem er gemacht war.

So trieb Gott, der HERR, die Menschen hinaus und stellte östlich von Eden die Keruben und das flammende Schwert als Wächter auf. Niemand sollte zum Baum des Lebens gelangen können.

Das gestörte Gleichgewicht
Der Weltenbaum wird gestürzt

Die »Zedern des Libanons« sind sprichwörtlich. Voller Hochachtung spricht die Bibel von diesen immergrünen Nadelbäumen, die in großer Höhe auf kargen, felsigen Böden gedeihen und damals große Teile des Libanongebirges bedeckten. Bis heute ziert der Zedernbaum als ein Symbol des Lebens die Flagge des Staates Libanon.

Die Libanonzeder kann bis zu dreißig Meter hoch, zwei Meter dick und zwei- bis dreitausend Jahre alt werden. In biblischer Zeit hatte der Baum große wirtschaftliche Bedeutung. Sein langer, gerade gewachsener Stamm eignete sich gut zum Bau von Schiffen, Tempeln, Palästen und Pyramiden. König Salomo erhandelte sich das Zedernholz des Libanon für den Bau seines großen Tempels in Jerusalem. Der hohe, majestätische Wuchs, das schöne Holz, der Duft, das immergrüne Kleid und das hohe Alter haben der Zeder den Beinamen »König der Bäume« eingetragen. Sie symbolisiert Stärke, Adel und

Würde und steht für die Macht großer Völker und Reiche. In ihrer Bedeutung gleicht die Zeder dem Weltenbaum, von dem die Mythen Mesopotamiens und der indogermanischen Völker erzählen: Sie reicht von den Tiefen des Meeres bis zu den Wolken am Himmel. In ihren Zweigen bauen die Vögel ihre Nester, Menschen und Tiere in großer Zahl wohnen in ihrem Schutz. Kein Baum im Garten Eden kann es aufnehmen mit ihrer Größe und Pracht.

Aber die unvergleichliche Zeder verliert das von Gott gesetzte Maß. Hat sie vergessen, dass auch sie das Schicksal alles geschaffenen Lebens teilt und sterben muss wie alle Bäume? Weil die Zeder sich über alle anderen erhebt, zerstört sie das Gleichgewicht in Gottes Garten. Zypressen und Platanen fühlen sich benachteiligt und beneiden den scheinbar von Gott bevorzugten Baum. Da greift Gott ein. Es ist nicht gut, wenn einer seine guten Wachstumsbedingungen ausnutzt, um größer und prächtiger sein zu wollen als alle anderen. Hochmut kommt vor dem Fall – bei Bäumen und bei Menschen. Wie Adam und Eva nach dem Sündenfall verliert die Zeder ihren Platz in Gottes Garten. (Ezechiël/Hesekiël 31)

I m elften Jahr unserer Verbannung, am 1. Tag des 3. Monats, erging das Wort des HERRN an mich, er sagte: »Du Mensch, sag zum Pharao, dem König von Ägypten, mit seinem ganzen stolzen Heer: ›Wie mächtig du bist! Womit kann ich dich vergleichen?

Du bist wie eine prächtige Zeder auf dem Libanon! Ihre mächtigen Zweige geben reichlich Schatten. Sie ist hoch gewachsen, ihr Wipfel reicht bis in die Wolken.

Das Wasser, das aus der Tiefe kommt, hat sie so groß gemacht; das Meer in der Tiefe der Erde speist die Quellen, die rings um sie aufbrechen und das Feld bewässern. Darum wurde sie größer als alle anderen Bäume und breitete ihre mächtigen Äste weit aus.

Die Vögel bauten in den Zweigen ihre Nester und das Wild warf in ihrem Schutz seine Jungen. Ganze Völker wohnten in ihrem Schatten. Schön war sie und stattlich mit ihrer breiten Krone; denn ihre Wurzeln hatten reichlich Wasser. Keine andere Zeder war so prächtig wie sie, keine Zypresse und keine Platane hatte so mächtige Äste; nicht einmal die Bäume im Garten Gottes konnten es mit ihr aufnehmen. Ich hatte sie so schön gemacht, dass alle Bäume im Paradies sie beneideten.

Doch nun sagt der HERR, der mächtige Gott: Weil ihre Größe ihr zu Kopf gestiegen und sie überheblich geworden ist, rufe ich einen mächtigen König herbei. Er wird seine Grausamkeit an ihr auslassen; denn ich habe sie verstoßen. Aus der Ferne kommt ein erbarmungsloses Volk und fällt sie. Da liegt sie dann auf den Bergen und die abgeschlagenen Äste füllen die Täler und Schluchten. Die Völker, die in ihrem Schatten gewohnt haben, ergreifen die Flucht. Die Vögel setzen sich achtlos auf den gefällten Stamm und über die Äste läuft das Wild.

Kein Baum, und stehe er noch so nah am Wasser, soll mehr   **25** so groß und mächtig werden, seinen Wipfel in die Wolken strecken und sich stolz über andere erheben. Jeder hohe Baum wird gefällt und kommt in die Totenwelt, genauso wie alle Menschen.

Der HERR, der mächtige Gott, sagt: An dem Tag, an dem ich die Riesenzeder in die Totenwelt stürze, trauert das Wasser in der Tiefe der Erde, die Flüsse fließen nicht mehr und die Quellen versiegen. Auch der Libanon trauert, alle Bäume in Feld und Wald verdorren. Wenn ich die Zeder mit gewaltigem Krachen in die Totenwelt hinabstürze, zittern alle Völker vor Angst. Drunten aber freuen sich die Prachtbäume, die Bäume des Libanons und alle mächtigen Bäume, die am Wasser standen, und trösten sich damit, dass auch die große Zeder ihr Schicksal teilt.

Auch alle ihre Helfer, die unter ihrem Schatten gewohnt haben, müssen mit ihr hinunter an den Ort, wo die Erschlagenen sind.

Du prächtige Zeder, wer kann sich an Größe und Herrlichkeit mit dir vergleichen? Und doch musst du mit all den prächtigen Bäumen in die Totenwelt hinunter. Dort liegst du dann in der Tiefe, bei den Erschlagenen und Unbestatteten. So ergeht es dem Pharao und seinem ganzen großen Volk.‹ Das sagt der HERR, der mächtige Gott.«

Im Nutzgarten

Sie sind selten geworden: die in Reihen und Bezirke eingeteilten typischen Gemüse-, Obst- und Kräutergärten, aus denen sich ganze Familien selbst versorgen können. Es scheint sich nicht mehr recht zu lohnen, die sorgfältig gezogenen Bohnen und Linsen, die Zwiebeln und den Porree aus dem eigenen Garten zu ernten. Die Mühe, das eigene Apfelmus zu kochen, Senfkörner zu trocknen und Traubensaft selbst auszupressen, steht in keinem Verhältnis zu den günstigen Möglichkeiten, all das fertig in tiefgekühlter oder konservierter Form im nächsten Supermarkt zu kaufen. So ist es zu einem besonderen Erlebnis geworden, teilhaben zu können an den vor Ort gepflanzten und frisch geernteten Produkten eines Gartens. Lokale Märkte und Hofläden profitieren von dem Bedürfnis der Menschen nach unmittelbarer Erdberührung, nach Teilhabe am Prozess von Saat und Ernte, der Anschauung und dem Geruch verschiedener Obst- und Gemüsesorten. Frisch Geerntetes aus Nachbars Garten wird zu einem besonderen Geschenk.

Dass uns die Bibel eine Menge verrät über die zu damaliger Zeit angebauten Obst-, Gemüse- und Kräutersorten, überrascht zunächst. Wir sind es nicht gewohnt, biblische Geschichten aus dieser Perspektive zu lesen. Angesichts

27

fehlender Einkaufs- und Konservierungsmöglichkeiten muss es aber nicht verwundern, dass die alltäglichen Vorgänge zwischen Saat und Ernte einen großen Raum im Leben der Menschen eingenommen haben. Feld- und Gartenarbeit prägte ihr Leben. Die Bibel ist ein Buch mit Erdgeruch, ein Buch, in dem wir viel über Anbauweisen, die alltägliche Zubereitung von Speisen, Handel und Vorratshaltung in Bezug auf Obst, Gemüse und Getreide erfahren.

Der betrachtete Zeitrahmen beginnt etwa 2000 v. Chr. mit den Hinweisen zur Ernährung bei den wandernden Nomadenstämmen, den Erzvätern Abraham und Jakob, die ihr Fladenbrot auf heißen Steinen buken und Linseneintopf kochten. Etwa 100 n. Chr. entstanden die letzten neutestamentlichen Texte, in denen wir von den Mahlzeiten der frühen Christen in der Römerzeit erfahren. Wein und Öl, Feigen und Datteln auf dem Tisch, würzige Kräuter auf dem Lammfleisch des Passamahls geben uns einen Eindruck von den Pflanzen in den Nutzgärten Palästinas. In der zweitausendjährigen Zwischenzeit sind Einflüsse ägyptischer Getreideverarbeitung, babylonischer Obstgartenkultur, persischer Gewürze und griechischer Kost in den Texten der Bibel zu finden. Zahlreiche biblische Kochbücher sind heutzutage das Ergebnis der Beschäftigung mit den Nutzpflanzen der Bibel und verhelfen uns zu einer sinnlichen Erfahrung biblischer Lebenswelten.

Frisches Gemüse auf den Tisch!
»Manna, immer nur Manna …«

Manna – immer wieder fasziniert uns die Erzählung von dieser rätselhaften Nahrung, die über Nacht »vom Himmel fiel«, als das erschöpfte Volk der Hebräer in der Wüste vor Hunger zu Mose schrie: »Wären wir doch bei den Fleischtöpfen in Ägypten geblieben!« Mose betet zu Gott und am nächsten Morgen liegt es im Sand, klein, weiß und rund wie Koriandersamen. Es schmeckt süß wie Honig und lässt sich zu Fladenbrot verarbeiten. »Man hu?« (Hebräisch – was ist das?) fragen die Menschen, die mit Moses Karawane unterwegs sind. Bis heute ist das Rätsel ungelöst. Manche Botaniker vermuten darin den zuckerhaltigen Saft der Blätter des Wüstenstrauchs Alhagi maurorum, andere glauben, dass es Ausscheidungen der Schildlaus waren, die das Volk vor dem Hungertod bewahrten.

Nach biblischer Tradition ernährte sich das Volk Gottes auf seiner Wüstenwanderung vierzig Jahre lang hauptsächlich von Manna. So verwundert es nicht, dass sich die Menschen nach frischem Gemüse sehnten. In der Rückschau verklärte sich ihr Blick auf die Mahlzeiten während der Sklavenjahre in Ägypten. Beim Gedanken an die Gurken und Melonen, den Lauch, die Zwiebeln und den Knoblauch der Gärten am Nil lief ihnen das Wasser im Mund zusammen. (4 Mose/Numeri 11,1a.4-9)

29

Das Volk beklagte sich beim HERRN darüber, dass es so viel entbehren müsse. Unter dem bunt zusammengewürfelten Haufen von Fremden, die sich dem Volk Israel beim Auszug aus Ägypten angeschlossen hatten, brach ein unwiderstehliches Gelüst nach Fleisch aus. Die Israeliten ließen sich davon anstecken und fingen wieder an zu jammern: »Wenn uns doch nur jemand Fleisch verschaffen würde! Wie schön war es doch in Ägypten! Da konnten wir Fische essen und mussten nicht einmal dafür bezahlen. Wir hatten Gurken und Melonen, Lauch, Zwiebeln und Knoblauch. Aber hier gibt es tagaus, tagein nichts als Manna. Das bleibt einem ja allmählich im Hals stecken!«

Manna hatte die Form von Koriandersamen und sah weißlich aus wie Bdelliumharz. Es fiel nachts mit dem Tau aufs Lager. Die Leute sammelten es, zerrieben es zwischen Mahlsteinen oder zerstießen es in Mörsern, kochten es im Topf oder backten Fladen daraus. Die schmeckten wie Fladenbrot aus Weizenmehl und Olivenöl.

Was wächst denn da?
Kundschafter finden die sieben Früchte Israels

Für Gartenbegeisterte gibt es kaum etwas Spannenderes, als sich in fremden Gärten umzuschauen und zu entdecken, welche bekannten und unbekannten Pflanzen denn dort wachsen, wie diese angeordnet und gepflegt werden, welche Beschaffenheit der Boden hat, was gezüchtet und geerntet und vielleicht auch für den eigenen Garten nutzbar gemacht werden kann. »Tage des offenen Gartens«, »Gartenrouten für Fahrradtouristen«, »Entdeckungsreisen in die Gärten ferner Länder« erfreuen sich großer Beliebtheit.

Für die Männer, die Mose über die Grenze ins Land Kanaan aussandte, damit sie auskundschafteten, ob es sich von den Früchten des Landes leben ließe, war ihr Streifzug durch fremde Gärten mindestens so spannend. Sie brachten von allen Früchten des Landes Kostproben mit: eine Rebe von Trauben – so schwer, dass sie nur von zweien getragen werden konnte, Gerste, Weizen, die Früchte von Feigen-, Öl- und Granatapfelbäumen und Datteln, aus denen süßer Sirup (Honig) hergestellt werden konnte, sieben verschiedene Früchte, die eine vollkommene Ernährung der Landbewohner ermöglichten. Als das Volk aus der Wüste in dieses Land einwanderte, kam es ihnen nach den langen, entbehrungsreichen Jahren vor wie das Paradies. (4 Mose/Numeri 13,1-3; 4 Mose/Numeri 13,17-27; 5 Mose/Deuteronomium 8,7-8)

D er HERR sagte zu Mose: »Sende Leute aus, damit sie das Land Kanaan erkunden, das ich dem Volk Israel geben will. Nimm dazu aus jedem der zwölf Stämme einen der führenden Männer!« Mose folgte dem Befehl des HERRN. Er wählte zwölf Männer aus, lauter Sippenälteste, und schickte sie von der Wüste Paran aus ins Land Kanaan. 31

Er sagte zu ihnen: »Geht zunächst durch das Steppengebiet und durchstreift dann das Bergland, das sich nordwärts anschließt. Seht euch Land und Leute genau an! Erkundet, wie viele Menschen dort wohnen und wie stark sie sind. Achtet darauf, ob ihre Städte befestigt sind oder nicht. Seht, ob ihr Land fruchtbar ist und ob es dort Wälder gibt. Habt keine Angst und bringt Proben von den Früchten des Landes mit.« Es war gerade die Jahreszeit, in der die ersten Trauben reif werden.

Die zwölf Männer machten sich auf den Weg und erkundeten das Land von der Wüste Zin bis hinauf nach Rehob bei Lebo-Hamat. Zunächst zogen sie durch das Südland und kamen dann nach Hebron. Dort wohnten Ahiman, Scheschai und Talmai, die Nachkommen Anaks. – Die Stadt Hebron war sieben Jahre früher gegründet worden als Zoan in Ägypten. –

Als sie in das Traubental kamen, schnitten sie eine Weinranke mit einer Traube ab; die war so schwer, dass zwei von ihnen sie auf einer Stange tragen mussten. Auch Granatäpfel und Feigen nahmen sie mit. Das Tal bekam später den Namen Eschkol (Traubental) wegen der Traube, die die Kundschafter der Israeliten dort abgeschnitten hatten. Nach vierzig Tagen hatten die zwölf Männer ihre Erkundung abgeschlossen und kehrten zu Mose und Aaron und der ganzen Gemeinde Israel nach Kadesch in der Wüste Paran zurück. Sie erzählten, was sie gesehen hatten, und zeigten die mitgebrachten Früchte vor. Sie berichteten Mose: »Wir haben das Land durchzogen, in das du uns geschickt hast, und wir haben alles genau angesehen. Es ist wirklich ein Land, das von Milch und Honig überfließt. Sieh hier seine Früchte!

Der HERR, euer Gott, wird euch in ein schönes und fruchtbares Land bringen. In der Ebene wie im Bergland gibt es dort Quellen und Bäche, die unerschöpflich aus der Tiefe hervorsprudeln. Es gibt Weizen und Gerste, Trauben, Feigen und Granatäpfel, Oliven und Honig.

Heißhunger auf Linseneintopf
Esau verkauft sein Erstgeburtsrecht

Wer sich einmal die Mühe macht, gewöhnliche Haushaltslinsen zum Keimen zu bringen und später ihr Wachstum im Garten zu beobachten, der staunt über die zarten, weit verzweigten Rankpflanzen mit ihren hübschen bläulichen Blüten, die da heranreifen. In den kleinen behaarten Hülsen bilden sich dann aber nur jeweils ein bis zwei Samen. Angesichts der Menge der Linsen, die notwendig sind, um einen Eintopf zu kochen, erscheint einem diese Ausbeute sehr mager. Wie viel Mühe haben sich die Menschen in biblischer Zeit gemacht, um in Handarbeit genug Linsen für ein sättigendes Mahl zusammenzubekommen! Weil sie aber wenig Fleisch aßen, waren Linsen für sie ein wertvoller Eiweißlieferant. Linsen wurden gekocht, geröstet und gemahlen, um sie mit Mehl zu Fladenbrot zu

33

verbacken. Die Linse ist eine der ältesten gezüchteten Gemüsepflanzen der Welt. Bei Ausgrabungen in Jericho fand man verkohlte Linsen aus dem 7. Jahrtausend v. Chr.! Heute gibt es dieses Gemüse in den verschiedensten Farben: in Schwarz, Braun, Grün und Rot. In biblischer Zeit waren wahrscheinlich die roten Linsen am gebräuchlichsten.

Der Jäger Esau, der hungrig zu den Zelten seines Vaters Isaak kommt, riecht den Linseneintopf, den sein häuslicher Zwillingsbruder Jakob gekocht hat. Da kann er seine Lust auf das »rote Gericht« kaum beherrschen. Was kümmern ihn der Acker und das Weideland seines Vaters, das Jakob so gerne erben möchte! Jetzt denkt er nur ans Essen und verspricht seinem Bruder schnell das Erstgeburts- und Erbrecht. Als Jäger braucht er Freiheit und Kraft, um dem Wild nachstellen zu können. Aus diesem Grund erscheint ihm vielleicht der ungleiche Tausch »Erstgeburtsrecht gegen Linseneintopf« nicht so problematisch. Soll doch der Bruder in Zukunft das Land bestellen und die Tiere weiden! (1 Mose/Genesis 25,27-34)

Die Kinder wuchsen heran. Esau wurde ein Jäger, der am liebsten in der Steppe umherstreifte. Jakob wurde ein häuslicher, ruhiger Mensch, der bei den Zelten blieb.

Ihr Vater, der gerne Wild aß, hatte eine Vorliebe für Esau; Jakob aber war der Liebling der Mutter.

Als Esau einmal erschöpft nach Hause kam, hatte Jakob gerade Linsen gekocht.

»Gib mir schnell etwas von dem roten Zeug da, dem roten«, rief Esau, »ich bin ganz erschöpft!« Daher bekam Esau den Beinamen Edom. Jakob sagte: »Nur wenn du mir vorher dein Erstgeburtsrecht abtrittst!« »Ich sterbe vor Hunger«, erwiderte Esau, »was nützt mir da mein Erstgeburtsrecht!« »Das musst du mir zuvor schwören!«, sagte Jakob. Esau schwor es ihm und verkaufte so sein Erstgeburtsrecht an seinen Bruder. Dann gab ihm Jakob eine Schüssel gekochte Linsen und ein Stück Brot. Als Esau gegessen und getrunken hatte, stand er auf und ging weg. Sein Erstgeburtsrecht war ihm ganz gleichgültig.

Das tägliche Brot
Rut findet neues Glück bei der Gerstenernte

Das Wort vom »täglichen Brot« ist zu einer gebräuchlichen Redewendung geworden – auch bei den Menschen, die nicht so genau wissen, dass es sich auf eine Bitte im Vaterunser bezieht. Das »tägliche Brot« bezeichnet bei uns inzwischen alle lebensnotwendigen Dinge, während es in der Bibel noch ganz wörtlich gemeint ist. Brot spielte im Altertum eine weitaus größere Rolle bei der Ernährung der Menschen als bei uns. Der Rhythmus des Alltags war von der Arbeit der Bodenbestellung, Getreideaussaat, Unkrautbekämpfung, Ernte, Kornverarbeitung und Vorratshaltung bestimmt. Wer Gerste hatte oder sogar Weizen, der hatte Leben und Glück. Ungünstige

Witterung und Missernten brachten die Menschen sofort in die Gefahr einer Hungersnot, so wie auch Menschen ohne Grundbesitz häufig Hunger leiden mussten. Die auf dem Feld nach der Ernte liegen gebliebenen Ähren aufzusammeln war darum alttestamentliches Recht der Armen, Witwen und Fremden im Land. Außerdem wurden die Getreidehalme mit der Sichel so hoch abgeschnitten, dass kürzere Halme mit ihren Ähren für die Besitzlosen stehen blieben. Sie waren ihre Sozialversicherung. Wie noch heute waren schon damals die sozial verantwortlichen Menschen der Gesellschaft daran zu erkennen, dass sie den Armen die Möglichkeit gaben, sich ihren eigenen Lebensunterhalt zu erarbeiten. Sie teilten ihre erntereifen Felder, um die Not anderer zu lindern.

Rut, die ausländische junge Witwe, die mit ihrer ebenfalls verwitweten Schwiegermutter Noomi nach Israel kommt, trifft einen solchen sozial verantwortlichen und großzügigen Grundbesitzer. Sie darf auf seinen Feldern Ähren sammeln und ungeniert neben seinen Angestellten für das eigene Überleben sorgen. Auf der Tenne, nachdem die Spreu von der Gerste mit Worfelschaufeln getrennt und der Feierabend herbeigekommen ist, kriecht Rut unter die Decke des Mannes, dessen Güte sie kennen gelernt hat ... (Rut 2–3)

Noomi hatte von ihrem Mann her einen Verwandten namens Boas. Er gehörte zur Sippe Elimelechs und war ein tüchtiger Mann und wohlhabender Grundbesitzer.

Eines Tages sagte die Moabiterin Rut zu ihrer Schwiegermutter: »Ich will hinausgehen und Ähren sammeln, die auf dem Feld liegen geblieben sind. Ich finde schon jemand, der freundlich zu mir ist und es mir erlaubt.« »Geh nur, meine Tochter!«, sagte Noomi. Rut kam zu einem Feld und sammelte Ähren hinter den Männern und Frauen her, die dort das Getreide schnitten und die Garben banden und wegtrugen. Es traf sich, dass das Feld zum Besitz von Boas gehörte.

Im Lauf des Tages kam Boas selbst aus der Stadt zu seinen Leuten heraus. »Gott sei mit euch!«, begrüßte er sie und sie erwiderten: »Der HERR segne dich!« Boas fragte den Mann, der die Aufsicht über die anderen führte: »Wohin gehört diese junge Frau?« Er antwortete: »Es ist eine Moabiterin, die mit Noomi gekommen ist. Sie hat gefragt, ob sie die Ähren auflesen darf, die unsere Leute liegen lassen. Seit dem frühen Morgen ist sie auf den Beinen, jetzt hat sie zum ersten Mal eine Pause gemacht und sich in den Schatten gesetzt.«

Da wandte sich Boas an Rut und sagte: »Hör auf meinen Rat! Geh nicht auf ein anderes Feld, um dort Ähren zu sammeln. Bleib hier und halte dich zu meinen Knechten und Mägden. Geh hier auf dem Feld hinter ihnen her. Ich habe meinen Leuten befohlen, dich nicht zu hindern. Und wenn du Durst hast, geh zu den Krügen und trink von dem Wasser, das meine Leute sich dort schöpfen.« Rut warf sich vor ihm zu Boden und fragte: »Wie kommt es, dass du so freundlich zu mir bist? Ich bin doch eine Fremde.« Boas **37** antwortete: »Ich weiß, was du seit dem Tod deines Mannes für deine Schwiegermutter getan hast; es wurde mir alles erzählt. Du hast deinen Vater und deine Mutter und deine Heimat verlassen und bist mit ihr zu einem Volk gegangen, das du vorher nicht kanntest. Der Herr vergelte dir, was du getan hast, und belohne dich reich dafür – der Gott Israels, zu dem du gekommen bist, um Schutz zu finden unter seinen Flügeln!« »Du bist so freundlich zu mir!«, erwiderte Rut. »Du hast mich getröstet und mir Mut gemacht, obwohl ich noch viel geringer bin als eine deiner Mägde.«

Zur Essenszeit sagte Boas zu Rut: »Komm zu uns, iss von dem Brot und tunke es in den Most!« So setzte sie sich zu den Knechten und Mägden, und Boas gab ihr so reichlich geröstete Getreidekörner, dass sie sogar noch davon übrig behielt. Als sie aufstand, um wieder Ähren zu sammeln, wies er seine Leute an: »Lasst sie auch zwischen den Garben sammeln und treibt sie nicht weg! Lasst absichtlich Ähren aus den Garben fallen, damit sie sie auflesen kann, und sagt ihr kein unfreundliches Wort!«

So sammelte Rut bis zum Abend und klopfte dann ihre Ähren aus. Sie hatte etwa 17 Kilo Gerste zusammengebracht. Sie trug alles in die Stadt und brachte es ihrer Schwiegermutter, und sie gab ihr auch, was von den gerösteten Körnern übrig geblieben war. Noomi fragte sie: »Wo hast du heute Ähren gesammelt? Auf wessen Feld bist du gewesen? Gott segne den, der dir das erlaubt hat!« »Der Mann, auf dessen Feld ich heute war«, antwortete Rut, »hieß Boas.« Da sagte Noomi zu ihr: »Der Herr segne ihn!

Jetzt sehe ich, dass der HERR uns nicht im Stich gelassen hat, uns Lebende nicht und nicht unsere Toten. Du musst wissen«, fuhr sie fort, »Boas ist mit uns verwandt. Er ist einer von den Lösern, die uns nach dem Gesetz beistehen müssen.« Rut, die Moabiterin, erzählte: »Er hat zu mir gesagt, ich soll mich zu seinen Leuten halten, bis sie die ganze Ernte eingebracht haben.« Noomi sagte: »Es ist gut, meine Tochter, wenn du mit den Leuten von Boas gehst. Auf einem anderen Feld werden sie vielleicht nicht so freundlich zu dir sein.«

Während der ganzen Gerstenernte und auch noch der Weizenernte hielt sich Rut zu den Leuten von Boas und las Ähren auf. Als die Ernte vorbei war, blieb sie auch tagsüber bei ihrer Schwiegermutter.

Eines Tages sagte Noomi zu Rut: »Meine Tochter, ich möchte, dass du wieder einen Mann und eine Heimat bekommst. Du weißt, dass Boas, mit dessen Leuten du auf dem Feld warst, mit uns verwandt ist. Er arbeitet heute Abend mit der Worfschaufel auf der Tenne, um die Spreu von der Gerste zu trennen. Bade und salbe dich, zieh deine besten Kleider an und geh zur Tenne. Sieh zu, dass er dich nicht bemerkt, bevor er mit Essen und Trinken fertig ist. Pass gut auf, wo er sich hinlegt, und wenn er schläft, schlüpfe unter seine Decke und lege dich neben ihn. Er wird dir dann schon sagen, was du tun sollst.« »Ich werde alles so machen, wie du gesagt hast«, antwortete Rut. Dann ging sie zur Tenne und verfuhr genau nach den

Anweisungen ihrer Schwiegermutter. Als Boas gegessen und getrunken hatte, legte er sich gut gelaunt und zufrieden am Rand des Getreidehaufens schlafen. Leise ging Rut zu ihm hin, schlüpfte unter die Decke und legte sich neben ihn.

Um Mitternacht schrak Boas auf und tastete um sich. An ihn geschmiegt lag – eine Frau. »Wer bist du?«, fragte er und bekam die Antwort: »Ich bin Rut, deine Sklavin! Breite deinen Gewandsaum über mich und nimm mich zur Frau; du bist doch der Löser!« Boas erwiderte: »Der HERR segne dich! Was du jetzt getan hast, zeigt noch mehr als alles bisher, wie treu du zur Familie deiner Schwiegermutter hältst. Du hättest ja auch den jungen Männern nachlaufen können und jeden bekommen, ob arm oder reich. Nun, meine Tochter, sei unbesorgt! Ich werde tun, worum du mich gebeten hast. Jeder in der Stadt weiß, dass du eine tüchtige Frau bist. Doch da ist noch ein Punkt: Es stimmt zwar, dass ich ein Löser bin und dir helfen muss; aber es gibt noch einen zweiten, der den Vortritt hat, weil er näher verwandt ist als ich. Bleib die Nacht über hier! Morgen früh werde ich ihn vor die Wahl stellen, ob er der Verpflichtung nachkommen will oder nicht. Wenn nicht, werde ich es tun. Das verspreche ich dir, so gewiss der HERR lebt. Bleib jetzt liegen bis zum Morgen!«

Rut blieb neben ihm liegen; aber in aller Frühe, noch bevor ein Mensch den andern erkennen konnte, stand sie auf. Denn Boas sagte: »Es darf nicht bekannt werden, dass eine Frau auf der Tenne war.« Dann sagte er noch zu ihr: »Nimm

40

dein Umschlagtuch ab und halte es auf!« Er füllte einen halben Zentner Gerste hinein und hob ihr die Last auf die Schulter. Dann ging er in die Stadt.

Als Rut nach Hause kam, fragte ihre Schwiegermutter: »Wie ist es dir ergangen, meine Tochter?« Rut erzählte alles, was Boas für sie getan und zu ihr gesagt hatte. »Und diese ganze Menge Gerste hat er mir mitgegeben«, fügte sie hinzu. »Er sagte: ›Du darfst nicht mit leeren Händen zu deiner Schwiegermutter kommen.‹« Noomi antwortete: »Bleib nun hier, meine Tochter, und warte ab, wie die Sache ausgeht. Der Mann wird nicht ruhen, bis er sie noch heute geordnet hat.«

Der König der Bäume und Sträucher
Jotams Fabel

Durch die Bibel führt eine breite Spur der Herrschaftskritik. An vielen Stellen wird die menschliche Anmaßung, Herr und König über andere sein zu wollen und damit an Gottes Stelle oder neben ihn treten zu können, in Frage gestellt. Lange lebten die Sippenverbände der alttestamentlichen Erzväter als freie Nomaden und stolze Bauern. Die heftige Diskussion um monarchische Staatsformen und die Kritik an den aktuell Regierenden spiegeln sich besonders im ersten Buch Samuel, im Buch der Richter, in Prophetentexten, aber auch später in Jesu Parteinahme für die kleinen Leute.

41

Jotams Fabel wird als eine der stärksten antimonarchischen Dichtungen der Weltliteratur bezeichnet. Voller Ironie führt sie Hörern wie Lesern die Unrechtmäßigkeit und die Gefahren menschlicher Alleinherrschaft vor Augen. In einfachen Bildern aus der Welt der Pflanzen beschreibt sie die Selbstüberhebung und Gewalt, auf die sich das Königtum oftmals begründet und durch die es sich zu behaupten versucht:

Jotam, dessen siebzig Brüder ermordet wurden, damit der Halbbruder Abimelech König werden konnte, vergleicht Abimelech mit einem Dornbusch, der meint, König der Bäume werden zu können. Drei für die Menschen in biblischer Zeit besonders nützliche Bäume – Ölbaum, Feigenbaum und Weinstock – lehnen es vorher ab, König zu werden. Sie wollen nicht ohne Bodenhaftung über allen anderen Bäumen thronen und dafür ihre eigene fruchtbringende Bestimmung aufgeben müssen. Nur der Dornbusch, eine Pflanze, die weder Frucht bringt noch Schatten spendet, also ganz und gar nutzlos erscheint, beansprucht die Herrschaft über alle Bäume. Sein trockenes Gestrüpp fängt leicht Feuer und wird so zur Gefahr für seine Umgebung. Demokratische und sozialkritische Bewegungen in der ganzen Welt haben sich über Jahrtausende auf Jotams königskritische Fabel berufen. (Richter 9,7-15)

Jotam stieg auf den Gipfel des Berges Garizim und rief zu ihnen hinunter: »Hört mich an, ihr Leute von Sichem – wenn ihr wollt, dass Gott euch hört! Einst kamen die

Bäume zusammen, um sich einen König zu wählen. Sie sagten zum Ölbaum: ›Sei du unser König!‹ Aber der Ölbaum erwiderte: ›Soll ich vielleicht aufhören, kostbares Öl zu spenden, mit dem Götter und Menschen geehrt werden? Soll ich über den Bäumen thronen?‹

Da sagten die Bäume zum Feigenbaum: ›Sei du unser König!‹ Doch der Feigenbaum erwiderte: ›Soll ich vielleicht aufhören, süße Feigen zu tragen? Soll ich über den Bäumen thronen?‹ Da sagten sie zum Weinstock: ›Sei du unser König!‹ Doch der erwiderte: ›Soll ich aufhören, Wein zu spenden, der Götter und Menschen erfreut? Soll ich über den Bäumen thronen?‹ Schließlich sagten sie zum Dornstrauch: ›Sei du unser König!‹ Und der Dornstrauch erwiderte: ›Wenn ihr mich wirklich zu eurem König machen wollt, dann bückt euch und sucht Schutz unter meinem Schatten! Sonst wird Feuer von meinen Dornen ausgehen, das sogar die Zedern des Libanons verbrennt!‹«

Der Weinberg – schlechte und gute Jahre
Das ungerechte Volk bekommt eine zweite Chance

Zu einem fröhlichen Fest gehört ein guter Wein. Er steigert die Geselligkeit. In Maßen genossen macht er beschwingt, gesprächig und sangesfreudig. Dass der Wein des Menschen Herz erfreut, ist in der Bibel immer wieder zu lesen und heute auch medizinisch erwiesen. Seit dem 3. Jahrtausend v. Chr. war der Weinanbau in Palästina und

Syrien bekannt und spielte eine wichtige wirtschaftliche Rolle.

Als Noach die Sintflut überlebt hatte und mit seiner Arche auf dem Trockenen gelandet war, pflanzte er einen Weinberg. Die Bibel enthält darüber hinaus viele Geschichten, Gleichnisse und Lieder, die den Weinanbau thematisieren. Manchmal lesen sie sich wie Fachanleitungen für Weinbauern, so auch die beiden Weinbergglieder des Propheten Jesaja. Weil Trauben zu den begehrtesten Früchten des Landes zählten, wurde der Weinberg bei Jesaja zu einem Bild für Israel, das von Gott erwählte und geliebte Volk. Der Prophet singt ein Liebeslied, in dessen Verlauf sich die Israeliten in der Rolle des angeklagten unfruchtbaren Weinbergs wiederfinden, während sich der erwähnte Freund des Sängers als der vom Volk enttäuschte und anklagende Gott herausstellt. Die Menschen in Juda und Jerusalem sollen selbst entscheiden, ob Gottes Urteil über den undankbaren Weinberg gerechtfertigt ist: Der Weinberg – hier das Volk Israel – soll nicht länger von Gott beschützt und gepflegt werden. Dornen, Disteln und wilde Tiere – hier die Feinde Israels – bekommen ungehinderten Zugang zu den Pflanzen.

Es kommt aber der Tag, so Jesajas spätere tröstliche Prophezeiung, an dem Gott wieder in seinem Weinberg arbeiten will. Dann wird er für Bewässerung sorgen und die Pflanzen mit Zäunen und Mauern gegen wucherndes Unkraut und Verwüstung schützen. Steine und Dornen wird er aus dem Boden graben, und alle werden sich freuen an

44

dem wunderbaren Weinberg, den Gott selbst wieder auf-
gerichtet hat. (Jesaja 5,1-7; 27,2-6)

H ört mir zu! Ich singe euch das Lied meines Freundes
von seinem Weinberg:

Auf fruchtbarem Hügel, da liegt mein Stück Land,
dort hackt ich den Boden mit eigener Hand,
ich mühte mich ab und las Felsbrocken auf,
baute Wachtturm und Kelter, setzte Reben darauf.
Und süße Trauben erhofft ich zu Recht,
doch was dann im Herbst wuchs, war sauer und schlecht.
Jerusalems Bürger, ihr Leute von Juda,
was sagt ihr zum Weinberg, was tätet denn ihr da?
Die Trauben sind sauer – entscheidet doch ihr:
War die Pflege zu schlecht? Liegt die Schuld denn bei mir?
Ich sage euch, Leute, das tue ich jetzt:
Weg reiß ich die Hecke, als Schutz einst gesetzt;
zum Weiden solln Schafe und Rinder hinein!
Und die Mauer ringsum – die reiße ich ein!
Zertrampelnden Füßen geb ich ihn preis,
schlecht lohnte mein Weinberg mir Arbeit und Schweiß!
Ich will nicht mehr hacken, das Unkraut soll sprießen!
Der Himmel soll ihm den Regen verschließen!
Der Weinberg des HERRN seid ihr Israeliten!
Sein Lieblingsgarten, Juda, seid ihr!
Er hoffte auf Rechtsspruch – und erntete Rechtsbruch,
statt Liebe und Treue nur Hilfeschreie!

45

An jenem Tage sagt der HERR zu euch:
»Ich habe einen wundervollen Weinberg;
singt alle, singt ein Lied zu seinem Ruhm!
Ich selber bin sein Wächter, ich, der HERR,
und alle Augenblicke tränke ich ihn.
Bei Tag und Nacht bewache ich den Weinberg,
damit ihm nichts und niemand schaden kann.
Mein heißer Zorn auf ihn ist abgekühlt.
Doch wenn ich Dornen oder Disteln finde,
dann gibt es einen schonungslosen Krieg,
sie werden ausgerissen und verbrannt.
So geht es allen Feinden meines Weinbergs,
wenn sie nicht bei mir Zuflucht suchen
und Frieden mit mir schließen wollen.
Ja, Frieden schließen sollten sie mit mir!«
Es kommt eine Zeit, da werden
die Nachkommen Jakobs aufs Neue Wurzeln schlagen.
Israel wird wieder blühen und gedeihen
und die ganze Erde mit seinen Früchten bedecken.

Gute Früchte am Weinstock
»Ich bin der Weinstock und ihr seid die Reben«

Über das Gesicht der gartenkundigen Frau huscht ein
Lächeln. Sie beobachtet ihr Enkelkind, das einen eigenen
Kirschbaum pflanzen möchte und darum einen blühen-
den Zweig vom Baum bricht und in die Erde steckt. »Da

kann ich im Sommer meine eigenen Kirschen pflücken«, freut sich das Kind. Noch weiß es nicht, dass dieser Zweig niemals Kirschen ansetzen kann. Erst später wird es verstehen, dass die Früchte an den Zweigen nur reifen können, wenn diese mit ihrem Stamm und den Wurzeln des Baumes verbunden bleiben. Abgeschnittene Zweige halten sich höchstens einige Tage in der Vase, dann aber lassen sie Blüten und Blätter fallen.

Jesus benutzt diese Erkenntnis aus dem Bereich der Pflanzen, um seinen Freunden die innige und lebensnotwendige Verbindung zwischen ihnen und sich selbst deutlich zu machen. Wenn die Gemeinschaft zwischen Jesus und seinen Freunden lebendig ist, dann fließt seine Liebe in das Leben seiner Freunde wie die Kraft aus der Wurzel des Weinstocks bis in die Reben. Nur so kann bei ihnen die Freude lebendig bleiben, die mit Jesus angefangen hat. Nur so können sie die Liebe an andere weitergeben, nur so kann sich in der Welt etwas verändern.

Jesus geht davon aus, dass es immer wieder Reben gibt, die die Verbindung zum Hauptstamm verlieren. Sie vertrocknen und müssen schließlich herausgeschnitten werden, damit die gesunden Zweige genug Licht und Pflanzensaft bekommen. Heute würde Jesus es vielleicht so sagen: »Bleibt dran! Lasst die Verbindung nicht einschlafen! Sucht den Kontakt zu mir und lasst euch nicht ablenken oder abdrängen von dieser Gemeinschaft. Ohne eine lebendige Beziehung zu mir könnt ihr meine Kraft nicht

47

spüren und nicht in meinem Geist leben, auch wenn ihr es vielleicht versucht.« (Johannes 15,1-17)

»Ich bin der wahre Weinstock, und mein Vater ist der Weinbauer. Er entfernt jede Rebe an mir, die keine Frucht bringt; aber die fruchttragenden Reben reinigt er, damit sie noch mehr Frucht bringen. Ihr seid schon rein geworden durch das Wort, das ich euch verkündet habe. Bleibt mit mir vereint, dann werde auch ich mit euch vereint bleiben. Nur wenn ihr mit mir vereint bleibt, könnt ihr Frucht bringen, genauso wie eine Rebe nur Frucht bringen kann, wenn sie am Weinstock bleibt.

Ich bin der Weinstock und ihr seid die Reben. Wer mit mir verbunden bleibt, so wie ich mit ihm, bringt reiche Frucht. Denn ohne mich könnt ihr nichts ausrichten.

Wer nicht mit mir vereint bleibt, wird wie eine abgeschnittene Rebe fortgeworfen und vertrocknet. Solche Reben werden gesammelt und ins Feuer geworfen, wo sie verbrennen.

Wenn ihr mit mir vereint bleibt und meine Worte in euch lebendig sind, könnt ihr den Vater um alles bitten, was ihr wollt, und ihr werdet es bekommen. Die Herrlichkeit meines Vaters wird ja dadurch sichtbar, dass ihr reiche Frucht bringt und euch so als meine Jünger erweist. So wie der Vater mich liebt, habe ich euch meine Liebe erwiesen. Bleibt in dieser Liebe! Wenn ihr meine Gebote befolgt, dann bleibt ihr in meiner Liebe, so wie ich die Gebote meines Vaters befolgt habe und in seiner Liebe bleibe. Ich habe euch dies gesagt, damit meine Freude euch erfüllt und an eurer Freude nichts mehr fehlt.

Dies ist mein Gebot: Ihr sollt einander so lieben, wie ich euch geliebt habe. Niemand liebt mehr als einer, der sein Leben für seine Freunde opfert. Ihr seid meine Freunde, wenn ihr mein Gebot befolgt.

Ich nenne euch nicht mehr Diener; denn ein Diener weiß nicht, was sein Herr tut. Vielmehr nenne ich euch Freunde; denn ich habe euch alles gesagt, was ich von meinem Vater gehört habe. Nicht ihr habt mich erwählt, sondern ich habe euch erwählt. Ich habe euch dazu bestimmt, reiche Frucht zu bringen, Frucht, die Bestand hat. Darum gilt auch: Alles, was ihr vom Vater in meinem Namen, unter Berufung auf mich, erbittet, wird er euch geben. Dieses eine Gebot gebe ich euch: Ihr sollt einander lieben!«

Immergrüner Olivenbaum
Die Taube mit dem Zweig der Hoffnung

Die verheerenden Flutkatastrophen der letzten Jahre und Jahrzehnte, die in verschiedenen Regionen der Erde schreckliche Zerstörung anrichteten, rufen uns die alte Geschichte von der Sintflut ins Gedächtnis. Das Bild der Taube, die einen grünen Olivenzweig im Schnabel trägt und damit Noachs Familie das Ende der Katastrophe verkündet, ist stark und spricht in unsere Zeit. So suchen auch die Kameras der Reporter in den Krisengebieten **49** unserer Tage nicht nur nach den Bildern der Verwüstung, sondern nach den Zeichen der Hoffnung im Chaos, dem Wunder des Überlebens trotz allem: nach dem Kind, das sich auf ein Hausdach retten konnte, dem Baum, der mitten zwischen Trümmern grün ausschlägt und zu blühen beginnt.

Die Erzähler der biblischen Sintflutgeschichte haben den Olivenbaum als ein Symbol für Rettung, Hoffnung und Leben mit Bedacht gewählt: Bis heute ist der immergrüne Baum der am weitesten verbreitete Kulturbaum in den Ländern des Mittelmeers und von großer volkswirtschaftlicher Bedeutung. Sein Öl ist kostbar und vielfältig zu verwenden – nicht nur in der täglichen Nahrung. Wer in biblischer Zeit einen Ölbaum besaß, konnte damit einen wichtigen Teil seines täglichen Lebens sichern. Der Baum, der über tausend Jahre alt werden kann, gab ihm täglich Schatten und trotz karger Böden zuverlässig Früchte. Das ausgepresste Öl wurde auch gebraucht, um die Öllampen zu befüllen, die Haut gegen die Sonne zu schützen und die Heilung von Beulen und Wunden zu beschleunigen. Schließlich spielte es in Gottesdiensten und anderen religiösen Ritualen eine große Rolle. So bedeutete der Ölzweig im Schnabel der Taube die Rückkehr eines guten, gesicherten Lebens für die Menschen. (1 Mose/Genesis 7,24–8,12)

Hundertfünfzig Tage lang war das Wasser auf der Erde gestiegen. Da dachte Gott an Noach und an all die Tiere, die bei ihm in der Arche waren. Er ließ einen Wind über die Erde wehen, sodass das Wasser fiel. Er ließ die Quellen der Tiefe versiegen und schloss die Schleusen des Himmels, sodass es zu regnen aufhörte. So fiel das Wasser nach hundertfünfzig Tagen.

Am 17. Tag des 7. Monats setzte die Arche auf einem Gipfel des Araratgebirges auf. Das Wasser fiel ständig weiter, bis am 1. Tag des 10. Monats die Berggipfel sichtbar wurden. Nach vierzig Tagen öffnete Noach die Dachluke, die er gemacht hatte, und ließ einen Raben hinaus. Der flog so lange hin und her, bis die Erde trocken war. Noach ließ auch eine Taube fliegen, um zu erfahren, ob das Wasser von der Erde abgeflossen war. Sie fand aber keine Stelle, wo sie sich niederlassen konnte; denn die ganze Erde war noch von Wasser bedeckt. Deshalb kehrte sie zur Arche zurück. Noach streckte die Hand aus und holte sie wieder herein.

Er wartete noch einmal sieben Tage, dann ließ er die Taube zum zweiten Mal fliegen. Sie kam gegen Abend zurück und hielt einen frischen Ölbaumzweig im Schnabel. Da wusste Noach, dass das Wasser abgeflossen war. Er wartete noch einmal sieben Tage, dann ließ er die Taube zum dritten Mal fliegen. Diesmal kehrte sie nicht mehr zurück.

Im Kräuterbeet der schwarze Senf
Das Gleichnis vom kleinsten Samenkorn

Wieder hat ein Öltanker seine Ladung verloren. Der Öl-
film vor der Küste bedeckt viele Quadratkilometer. Welle
um Welle schwappt die schmierige schwarze Masse an
den Strand. Wie leicht kann einer da verzagen, der es ge-
schafft hat, in mühevoller Kleinarbeit das ölverklebte Ge-
fieder einer Möwe zu reinigen. Lohnt sich sein Einsatz?
Viele Beispiele gibt es von kleinen, ohnmächtig wirkenden
Anfängen, bei denen es schwer fällt, gegen den Augenschein auf eine große Veränderung der Lage zu vertrauen.
Das Senfkorn, das kleinste Samenkorn des biblischen Ge-
müsegartens, gibt uns ein Beispiel: Schwarz und rund,
mit nur einem Millimeter Durchmesser, wächst es heran
zu einer großen, weit verzweigten Pflanze mit schönen
gelben Blüten, Landeplatz für Schmetterlinge und Vögel.
Die Senfpflanzen am See Gennesaret wurden bis zu zwei
Meter hoch und brachten viele Schoten mit neuen Körnern, aus denen wohlschmeckendes Senföl gewonnen
werden konnte.
Kleine Ursache – große Wirkung. Tatsächlich gibt es die
Erfahrungen, die dem Senfkorngleichnis Recht geben: Die
überzeugende Aktivität einzelner Menschen löst manchmal ganze Bewegungen und gravierende Veränderungen
aus. Ein Beispiel ist Martin Luther Kings Einsatz für die
Verständigung zwischen Schwarzen und Weißen in Ame-
rika. In der Folge entwickelte sich eine länderübergrei-

fende Befreiungsbewegung, die sich bis heute auf ihn beruft. (Matthäus 13,31-32)

Jesus erzählte ihnen ein Gleichnis:
»Wenn Gott jetzt seine Herrschaft aufrichtet, geht es ähnlich zu wie bei einem Senfkorn, das jemand auf seinen Acker gesät hat. Es gibt keinen kleineren Samen; aber was daraus wächst, wird größer als alle anderen Gartenpflanzen. Es wird ein richtiger Baum, sodass die Vögel kommen und in seinen Zweigen ihre Nester bauen.«

Im Blumengarten

Blumen fehlen eigentlich in keinem Garten. Sie sind »die Seele des Gartens«, verleihen ihm die Heiterkeit und die leuchtenden Farben. Ihre Vielfalt und Schönheit bringt uns zum Staunen. Ein bunter Blumenstrauß aus dem Garten ist ein kostbares Geschenk. Er zieht alle Blicke auf sich. Viele Gartenfreunde entwickeln eine besondere Liebe zu ihren Blumen. Sie beobachten voller Freude jede Blüte, die sich entfaltet, und zeigen sie stolz. Menschen, die keinen eigenen Garten haben können, pflegen oft liebevoll ihre »Balkon- und Fenstergärten«, um die wohltuende Schönheit der Blumen um sich haben zu können.

Blumen berühren uns, besonders, wenn wir entdecken, wie sie ihre leuchtenden Blüten trotzig mitten zwischen Geröll und Steinen, dem grauen Asphalt der Städte und auf kargen Sandböden entfalten können. Wie eine tröstliche Decke ziehen sich ihre Farben über Schuttberge, stillgelegte Gleise und trostlose Wege. Vielleicht wirken Blumen oft deshalb so anziehend auf uns, weil sie sich den Mechanismen von Leistung und Zweckbestimmung entziehen. Anders als bei den Nutzpflanzen erwarten wir von ihnen nicht, dass sie reiche Frucht bringen und unsere tägliche Ernährung sichern. Wenn sie blühen, liegt das in ihrer Natur und geschieht zweckfrei. Dankbar nehmen wir das Geschenk ihrer Schönheit entgegen. Wir lieben sie um ihrer selbst willen.

Von der Schönheit und Sorglosigkeit der Blumen
»Seht, wie die Blumen auf den Feldern wachsen«

Es ist schön, sich vorzustellen, dass jeder Mensch wie eine einzigartige Blume im Garten der Schöpfung wächst, von Gott, dem Gärtner, selbst gesät und gepflanzt, liebevoll umsorgt und bewundert. Dann ginge es im Leben eigentlich um nichts anderes, als diese Blume zu sein: von Tag zu Tag die Nährstoffe des Bodens aufzunehmen, sich dem warmen Licht der Sonne entgegenzustrecken, zu wachsen und zu blühen, wie es an der Zeit ist, sich seines Lebens zu freuen und auf die Arbeit des Gärtners zu vertrauen.

Aber leider gelingt es oft nicht, diese vertrauensvolle Lebenshaltung in das tägliche Leben zu übertragen. Vielmehr sind die meisten Menschen intensiv beschäftigt mit all dem Unkraut, das auch in Gottes Garten wächst und sich unterirdisch ausbreitet. Die Sorgen des Alltags sind wie wucherndes Unkraut, das die »Blumen« zu ersticken droht. Nach und nach vergessen sie ihre Schönheit und ihren Lebenssinn und versuchen, die Aufgaben des Gärtners zu übernehmen: Sie mühen sich Tag und Nacht, das Unkraut auszumerzen. Ein aussichtsloses Unternehmen ...

In seiner so genannten Bergpredigt spricht Jesus in einer gleichnishaften Rede von den Blumen auf dem Feld, an denen sich seine Zuhörer ein Beispiel nehmen sollen. Sie sollen sich ihr Leben nicht vom Unkraut der Sorgen zerstören lassen, sondern unbeschwert wie wunderschöne, duftende Blumen in Gottes Garten blühen. Die Bekämpfung des Unkrauts sollen sie getrost Gott, dem Gärtner, überlassen. (Matthäus 6,25-33)

Macht euch keine Sorgen um euer Leben, ob ihr etwas zu essen oder zu trinken habt, und um euren Leib, ob ihr etwas anzuziehen habt! Das Leben ist mehr als Essen und Trinken, und der Leib ist mehr als die Kleidung! Seht euch die Vögel an! Sie säen nicht, sie ernten nicht, sie sammeln keine Vorräte – aber euer Vater im Himmel sorgt für sie. Und ihr seid ihm doch viel mehr wert als Vögel!

Wer von euch kann durch Sorgen sein Leben auch nur um einen Tag verlängern? Und warum macht ihr euch Sorgen um das, was ihr anziehen sollt? Seht, wie die Blumen auf den Feldern wachsen! Sie arbeiten nicht und machen sich keine Kleider, doch ich sage euch: Nicht einmal Salomo bei all seinem Reichtum war so prächtig gekleidet wie irgendeine von ihnen. Wenn Gott sogar die Feldblumen so ausstattet, die heute blühen und morgen verbrannt werden, wird er sich dann nicht erst recht um euch kümmern? Habt ihr so wenig Vertrauen?

Also macht euch keine Sorgen! Fragt nicht: ›Was sollen wir essen?‹ ›Was sollen wir trinken?‹ ›Was sollen wir anziehen?‹

Mit all dem plagen sich Menschen, die Gott nicht kennen. Euer Vater im Himmel weiß, dass ihr all das braucht. Sorgt euch zuerst darum, dass ihr euch seiner Herrschaft unterstellt, und tut, was er verlangt, dann wird er euch schon mit all dem anderen versorgen.

Die Vergänglichkeit der Blumen
Alle Menschen sind wie Gras

Wer im Frühling durch die Täler, die Berge und Wüsten Israels wandert, staunt über die Fülle wunderschöner Feldblumen in leuchtenden Farben: Rote Anemonen, vielfarbige Mohnblumen, Hahnenfuß, Margariten, gelbweiße Kamille und viele andere Arten überziehen das Land wie mit einem bunten Teppich. Nur kurze Zeit dauert die Pracht dieser schnell verblühenden Blumen. Der Klatschmohn, die häufigste Mohnart in Israel, blüht höchstens zwei bis drei Tage. Auch in unseren Breiten kennen wir den Klatschmohn in seiner rasch vergehenden Schönheit an Straßen- und Feldrändern, in Wiesen und Gärten. Voller Bedauern erleben wir, wie seine zarten Blütenblätter bei der kleinsten Berührung zu Boden sinken.

Die kurzlebigen Feldblumen werden in der Bibel häufig als Bild für die Vergänglichkeit des Menschen verwendet: So wie die Blütenblätter vom heißen Wind fortgeweht werden und die Pflanzen vertrocknen, so geht es mit den Menschen, deren Blütezeit oftmals auch schnell zu Ende sein 57 kann. Ganz im Gegensatz zur Vergänglichkeit des Menschen stehen Gottes Güte und sein Wort. Sie bleiben für immer bestehen. Denn Gott war da, bevor die Berge entstanden, und wird bleiben in Ewigkeit. (Jesaja 40,6-8; Psalm 90,2-6; 103,15-18)

Ich hörte eine Stimme sagen: »Rede zu deinem Volk!« »Was soll ich denn sagen?«, fragte ich. »Alle Menschen sind vergänglich wie das Gras. Auch wenn sie noch so gerecht und treu sind, es ergeht ihnen nicht anders als den Blumen auf der Wiese. Das Gras verdorrt, die Blumen verwelken, wenn der Herr seinen glühenden Atem darüber wehen lässt. Ja, wie Gras ist das Volk!« Da sagte die Stimme: »Das Gras verdorrt, die Blumen verwelken; aber das Wort unseres Gottes bleibt für immer in Kraft.«

Du, Gott, warst schon,
bevor die Berge geboren wurden
und die Erde unter Wehen entstand,
und du bleibst in alle Ewigkeit.
Du sagst zum Menschen:
»Werde wieder Staub!«
So bringst du ihn dorthin zurück,
woher er gekommen ist.
Für dich sind tausend Jahre wie ein Tag,
so wie gestern – im Nu vergangen,
so kurz wie ein paar Nachtstunden.
Du scheuchst die Menschen fort,

sie verschwinden wie ein Traum.
Sie sind vergänglich wie das Gras:
Morgens noch grünt und blüht es,
am Abend schon ist es verwelkt.

Der Mensch ist vergänglich wie das Gras,
es ergeht ihm wie der Blume im Steppenland:
Ein heißer Wind kommt – schon ist sie fort,
und wo sie stand, bleibt keine Spur von ihr.
Doch die Güte Gottes bleibt für immer bestehen;
bis in die fernste Zukunft gilt sie denen, die ihn ehren.
Er hält auch noch zu ihren Kindern und Enkeln,
wenn sie nur seinem Bund treu bleiben
und nach seinen Geboten leben.

Mit Blumen sprechen
Israel soll blühen wie eine Lilie

Es gibt Menschen – häufig sind es Frauen –, denen wird nachgesagt, sie hätten »grüne Daumen« und könnten mit den Blumen sprechen. Sie haben eine besondere Begabung, verkümmerte Pflanzen zum Blühen zu bringen. Auf ihren Fensterbänken und Gartenbeeten gedeiht einfach alles. Sie spüren besonders gut, was Pflanzen brauchen, und sind ihnen liebevoll zugewandt. Sie reden bei der Gartenarbeit mit ihren grünen Schützlingen, als seien es ihre Kinder.

Der alttestamentliche Prophet Hosea spricht von Gott wie von einer solchen liebevollen Gärtnerin. Gott will sich den verkümmerten, durstigen, lichtabgewandten Menschen seines Volkes zuwenden und sich so um sie kümmern, dass das Volk wieder blühen kann wie eine Lilie. Israel soll emporwachsen wie diese hochstängelige Blume mit ihren wunderschönen großen, weißen Blüten, die besonders nachts starken Duft verströmen und leuchten. Bis heute blüht die weiße Lilie in Palästina auf dem Karmel und in Galiläa. Seit der Antike schon ist sie ein Symbol für Schönheit, Fruchtbarkeit und Reichtum. Unter christlichem Einfluss wurde sie zum Zeichen für Reinheit, Heiligkeit und Auferstehung und bekam den Beinamen »Madonnenlilie«. Gottes Volk soll sein wie eine Lilie: Rein und schön, fruchtbar und reich soll es blühen unter Gottes Schutz. (Hosea 14,5-9)

»Ich überwinde ihre Auflehnung gegen mich«, sagt der HERR. »Ich wende ihnen meine Liebe zu, obwohl sie es nicht verdient haben; ich will nicht länger zornig auf sie sein. Ich will für Israel wie der Tau sein. Es wird blühen wie eine Lilie und seine Wurzeln tief einsenken wie eine Zeder; es wird sich reich verzweigen wie ein prächtiger Ölbaum und duften wie die Zedern auf dem Libanon.

Die Israeliten werden wieder in meinem Schatten wohnen, sie werden Getreide aussäen, sie werden blühen und gedeihen wie die berühmten Weinstöcke am Abhang des Libanons. Efraïm, wozu brauchst du noch deine Götzen?

Ich bin es, der eure Bitten hört und freundlich auf euch blickt! Ich bin wie ein üppig grünender Baum; von meinen Früchten könnt ihr leben.«

Frühblüher und erstes Grün
Der Frühling lockt!

Wenn nach einem langen Winter die erste Frühlingssonne scheint, das Grün der Knospen sichtbar wird, die Vögel wieder singen, Erde und Pflanzen einen würzigen Duft verströmen, dann hält uns nichts mehr in der dunklen Stube. Wir müssen raus und das Wunder wieder bestaunen, das uns jedes Jahr von Neuem geschieht: Die harte Erde bricht auf und alle starren Zweige sind plötzlich wie von Zauberhand mit einem hellgrünen Schleier überzogen. Erste zarte Blüten trotzen der Kälte. Die Farben der Natur erscheinen wie frisch gewaschen. Die Luft füllt sich mit Duft und Gesang. Endlich Frühling – die glückliche Zeit des Erwachens, des Aufbruchs und der Verheißung im Garten! Die Erde öffnet sich für Samen und neue Pflanzen. Diese Zeit dürfen wir nicht verpassen, wir gehören mitten hinein! (Hoheslied 2,10b-14)

M ach schnell, mein Liebes!
Komm heraus, geh mit!
Der Winter ist vorbei mit seinem Regen.
Es grünt und blüht, so weit das Auge reicht.

Im ganzen Land hört man die Vögel singen;
nun ist die Zeit der Lieder wieder da!
Sieh doch: Die ersten Feigen werden reif;
die Reben blühn, verströmen ihren Duft.
Mach schnell, mein Liebes!
Komm heraus, geh mit!
Verbirg dich nicht vor mir wie eine Taube,
die sich in einem Felsenspalt versteckt.
Mein Täubchen, zeig dein liebliches Gesicht
und lass mich deine süße Stimme hören!

In der Gartenapotheke

Naturheilkundliche Verfahren genießen das Vertrauen vieler Menschen. Sie misstrauen den Wirkungen chemisch hergestellter Medikamente und hoffen auf eine »sanftere« Behandlung ihrer Leiden durch Kräutertees, Pflanzensäfte, Wurzel- und Fruchtextrakte aus der Gartenapotheke. Berühmt sind die Kräutergärten der mittelalterlichen Klöster, in denen Mönche und Nonnen wie Walahfried Strabo auf der Reichenau oder Hildegard von Bingen eine vielfach wirksame Naturmedizin entwickelten. Viele Therapeuten versuchen heute, an dieses alte Wissen anzuknüpfen.

Auch in der Bibel finden sich Spuren solcher heilkundlichen Kenntnisse. Eine der schönsten Endzeitvisionen der Bibel beschreibt das Wachsen von paradiesischen Lebensbäumen, die nicht nur jeden Monat von neuem Früchte bringen, sondern deren Blätter den Menschen aller Völker als Heilmittel dienen (Offenbarung 22,2). Neben den im Folgenden beschriebenen Pflanzen sind nach biblischer Erwähnung auch die Heilkräfte von Senf, Kreuzkümmel, Minze, Krokus, Bilsenkraut, geflecktem Schierling, Rizinus, Lorbeer, Zimt, Knoblauch, Weihrauch, Kalmus, Ladanum und Aloe bekannt.

Feigenpflaster gegen Entzündung
Der Prophet Jesaja heilt
den todkranken König Hiskija

Menschen in leitenden Positionen stehen häufig unter besonderem Druck. Die hohe Verantwortung und der Stress schwächen ihre Abwehrkräfte. Sie werden anfällig für körperliche und seelische Krankheiten. Im Nachdenken über stressbedingte Krankheiten findet heute der enge Zusammenhang von Lebensführung und Gesundheit – von Geist, Seele und Körper – wieder ernsthafte Beachtung. Kranke Firmenchefs, Manager und Regierungsbeamte sowie alle anderen, die es sich leisten können, suchen deshalb nicht mehr nur Schulmediziner auf, um sich behandeln zu lassen, sondern versuchen, ganzheitliche Heilung bei Heilpraktikern, Seelsorgern, Psychotherapeuten, ja sogar Geistheilern zu finden.

Am Jerusalemer Königshof übernimmt der Prophet Jesaja die Rolle des ganzheitlichen Arztes. Sein König Hiskija gerät durch politischen Druck – die Assyrer bedrohen Jerusalem – und durch entzündliche Geschwüre in seinem Körper in eine lebensbedrohliche Krise. Jesaja konfrontiert ihn mit seiner Situation und sagt ihm sein Ende voraus. Der König bricht weinend zusammen und fleht zu Gott um Rettung, und Gott erhört sein Gebet. Auf seine Anweisung hin kann Jesaja dem König Hoffnung auf Genesung geben. Mit Hilfe eines Umschlags aus gepressten Feigen heilt Jesaja die Geschwüre und Entzündungen in Hiskijas Körper. Der Zuspruch des Propheten, dass Gott sich seiner erbarmen wird, und die natürlichen Kräfte der Gartenfrucht helfen dem König, gesund zu werden. Noch fünfzehn Jahre lang kann er sein Amt ausüben. Im Rückblick auf die schwere Zeit seiner Erkrankung wendet sich Hiskija mit einem Dankgebet an Gott und preist ihn als den eigentlichen Arzt. (2 Könige 20,1-11; Jesaja 38,9-20)

Damals wurde Hiskija todkrank. Der Prophet Jesaja, der Sohn von Amoz, kam zu ihm und sagte: »So spricht der HERR: ›Bereite dich auf dein Ende vor! Du wirst von diesem Krankenlager nicht wieder aufstehen.‹« Hiskija drehte sich zur Wand hin und betete: »Ach, HERR, denk doch daran, dass ich dir immer treu war! Ich habe dir mit ganzem Herzen gehorcht und stets getan, was dir gefällt.« Hiskija brach in Tränen aus und weinte laut.

Jesaja war erst bis zum mittleren Hof des Palastes gekommen, da erging an ihn das Wort des HERRN; er erhielt den Befehl: »Kehr um und sag zu Hiskija, dem Anführer meines Volkes: ›So spricht der HERR, der Gott deines Ahnherrn David: Ich habe dein Gebet gehört und deine Tränen gesehen. Ich werde dich gesund machen. Am dritten Tag von heute an wirst du wieder in meinen Tempel gehen können. Ich gebe dir noch fünfzehn Jahre dazu und werde dich und diese Stadt vor dem König von Assyrien retten. Um meiner Ehre willen und meinem Diener David zuliebe werde ich Jerusalem beschützen.‹«   **65**

Jesaja richtete die Botschaft aus. Dann sagte er zu den Dienern: »Legt einen Verband aus gepressten Feigen auf die entzündete Stelle, dann wird der König gesund werden.« Hiskija fragte Jesaja: »Woran kann ich erkennen, dass der HERR mich wirklich gesund machen wird und ich schon übermorgen in seinen Tempel gehen werde?« Jesaja antwortete: »Der HERR wird dir ein Zeichen geben, an dem du erkennen kannst, dass er seine Zusage wahr macht. Du hast die Wahl: Soll der Schatten auf der Treppe zehn Stufen vorrücken oder zehn Stufen zurückgehen?« Hiskija sagte: »Es ist nichts Besonderes, wenn er ein wenig schneller vorrückt; ich möchte, dass er um zehn Stufen zurückgeht!« Da rief Jesaja zum HERRN, und der HERR ließ den Schatten auf der Treppe, die König Ahas gebaut hatte, um zehn Stufen zurückgehen.

Als König Hiskija von seiner Krankheit genesen war, schrieb er folgendes Gebet nieder:
»Ich sagte in meiner Not:
›Jetzt, im allerbesten Alter,
stehe ich am Tor der Totenwelt
und darf mein Leben nicht zu Ende leben!
Hier, in der Welt der Lebenden,
darf ich den HERRN nicht länger sehen;
dort, wo alles zu Ende ist,
erblicke ich keinen Menschen mehr.
Das Haus, in dem ich lebe, wird abgebrochen
und weggetragen wie ein Hirtenzelt.

Wie ein Weber, der sein Tuch einrollt,
so habe ich mein Leben ausgewebt;
nun wird es vom Webstuhl abgeschnitten.
Tag und Nacht fühle ich mein Ende nahen.
Morgens bin ich wie zerschlagen und denke:
Er zermalmt meine Knochen wie ein Löwe.
Ja, Tag und Nacht fühle ich mein Ende nahen.
Wie eine Schwalbe piepst meine Stimme,
mein Klagen tönt wie das Gurren der Taube.
Mit müden Augen starre ich zum Himmel.
Ich kann nicht mehr, Herr! Tritt du für mich ein!
Doch was richte ich mit Worten bei ihm aus?
Er hat getan, was er mir angekündigt hat.
In bitterem Leid verbring ich meine Jahre
und schleppe mich Schritt für Schritt dahin.
Ach, Herr, erhalte mich am Leben!‹

Mein bitterer Schmerz hat sich in Glück verwandelt!
In herzlicher Liebe hast du mich umfangen
und mein Leben vor dem Grab bewahrt;
denn alle meine Schuld hast du genommen
und sie weit hinter dich geworfen.
Dort unten bei den Toten preist dich niemand;
wer tot ist, dankt dir nicht mit Liedern.
Wer schon ins Grab gesunken ist,
hofft nicht mehr auf deine Treue.
Allein die Lebenden danken dir,
so wie ich dir heute danke.

Die Väter sagen es ihren Kindern:
Auf dich ist Verlass.
Der HERR ließ sich erbitten und half mir!
Darum lasst uns singen
und ihn preisen vor seinem Tempel,
solange wir leben.«

Wundversorgung mit Olivenöl und Wein
Die Reiseapotheke des barmherzigen Samariters

Olivenöl und Wein fehlten zu biblischer Zeit in keiner Reiseapotheke. Wein desinfiziert und das reine Olivenöl kann verletzter und ausgetrockneter Haut und Geschwüren zur Heilung verhelfen. In einem Gleichnis erzählt Jesus von der Barmherzigkeit eines Samariters, der einem verletzten Mann am Wegesrand mit Wein und Öl erste Hilfe leistet. Es gehört zu den delikaten Einzelheiten dieser Geschichte, dass vorher zwei Vertreter der Religion, Angestellte des Tempels in Jerusalem, an dem Verletzten vorbeigehen, ohne ihm zu helfen. Erst ein von den Juden damals wegen seiner anderen Religions- und Volkszugehörigkeit verachteter Samariter handelt nach dem Gebot der Nächstenliebe. (Lukas 10,25-37)

Da kam ein Gesetzeslehrer und wollte Jesus auf die Probe stellen; er fragte ihn: »Lehrer, was muss ich tun, um das ewige Leben zu bekommen?« Jesus antwortete:

»Was steht denn im Gesetz? Was liest du dort?« Der Gesetzeslehrer antwortete: »Liebe den Herrn, deinen Gott, von ganzem Herzen, mit ganzem Willen und mit aller deiner Kraft und deinem ganzen Verstand! Und: Liebe deinen Mitmenschen wie dich selbst!« »Du hast richtig geantwortet«, sagte Jesus. »Handle so, dann wirst du leben.« Aber dem Gesetzeslehrer war das zu einfach, und er fragte weiter: »Wer ist denn mein Mitmensch?« Jesus nahm die Frage auf und erzählte die folgende Geschichte:

»Ein Mann ging von Jerusalem nach Jericho hinab. Unterwegs überfielen ihn Räuber. Sie nahmen ihm alles weg, schlugen ihn zusammen und ließen ihn halb tot liegen. Nun kam zufällig ein Priester denselben Weg. Er sah den Mann liegen und ging vorbei. Genauso machte es ein Levit, als er an die Stelle kam: Er sah ihn liegen und ging vorbei. Schließlich kam ein Reisender aus Samarien. Als er den Überfallenen sah, ergriff ihn das Mitleid. Er ging zu ihm hin, behandelte seine Wunden mit Öl und Wein und verband sie. Dann setzte er ihn auf sein eigenes Reittier und brachte ihn in das nächste Gasthaus, wo er sich weiter um ihn kümmerte. Am anderen Tag zog er seinen Geldbeutel heraus, gab dem Wirt zwei Silberstücke und sagte: ›Pflege ihn! Wenn du noch mehr brauchst, will ich es dir bezahlen, wenn ich zurückkomme.‹« »Was meinst du?«, fragte Jesus. »Wer von den dreien hat an dem Überfallenen als Mitmensch gehandelt?« Der Gesetzeslehrer antwortete: »Der ihm geholfen hat!« Jesus erwiderte: »Dann geh und mach du es ebenso!«

Desinfizieren und Reinigen mit Ysop
Vom Umgang mit geheilten Aussätzigen

Das Desinfizieren und Reinigen spielt in der heutigen Krankenpflege und bei vorbeugenden Maßnahmen gegen ansteckende Krankheiten und Seuchen eine große Rolle. Die Hände der Ärzte und des Pflegepersonals müssen ebenso rein sein wie ihre Kleidung, das medizinische Gerät, die Betten, die Krankenzimmer, Zuwege usw. Die Reinigungsvorschriften werden streng eingehalten, um zusätzlichen Infektionen und der Ausbreitung von Keimen Einhalt zu gebieten. Jeder kennt heute den durchdringenden Geruch von Desinfektionsmitteln in Krankenhäusern und Pflegestationen.

Es gibt einige pflanzliche Stoffe, denen desinfizierende Wirkung zugesprochen wird. Wegen ihrer Verwendung im Zusammenhang mit Reinigungshandlungen glaubte man in biblischer Zeit, dass der Ysoppflanze diese besonderen Kräfte innewohnten. Die Zweige dieses niedrigen, vielstängeligen Strauches wurden zusammengebunden und – je nach Vorschrift und Brauch – in Blut, Essig oder andere Flüssigkeiten getaucht. Die Flüssigkeiten wurden mit dem Strauch versprengt oder über Türpfosten, Einrichtungsgegenständen und dem menschlichen Körper verstrichen.

»Entsündige mich mit Ysop, dass ich rein werde!«, dieser Gebetsruf aus Psalm 51 (Übersetzung nach Luther) zeigt, dass die Ysoppflanze auch im kultischen Zusammenhang

70

verwendet wurde. Als kultisch unrein und von dämonischen Kräften besetzt wurden oft Menschen angesehen, die unter bestimmten Krankheiten litten. Menschen mit Hauterkrankungen wie Lepra, Schuppenflechte oder Neurodermitis waren besonders betroffen. Als so genannte »Aussätzige« mussten sie sich auch nach ihrer Heilung an strenge Reinheitsvorschriften halten. (3 Mose/Levitikus 14,1-9)

Der HERR sagte Mose auch, wie zu verfahren ist, damit ein Aussätziger, der geheilt ist, wieder als rein gelten kann: Der Betreffende wird zum Priester gebracht, der dazu vor das Lager hinausgeht. Wenn der Priester feststellt, dass der Kranke von seinem Aussatz geheilt ist, ordnet er an, dass zwei lebende reine Vögel, Zedernholz, Karmesinfarbe und Ysop gebracht werden.

Er lässt den einen Vogel über einer Tonschale mit Quellwasser schlachten. Dann wirft er das Zedernholz, die Karmesinfarbe und den Ysop in das mit dem Wasser vermischte Blut und taucht auch den lebenden zweiten Vogel hinein. Mit der Mischung besprengt er den Genesenen siebenmal und erklärt ihn für rein; den Vogel lässt er fortfliegen. Dann wäscht der Genesene seine Kleider, er lässt sein gesamtes Haar scheren und spült sich mit Wasser ab. Nun ist er rein und er darf ins Lager kommen, muss aber noch sieben Tage außerhalb seines Zeltes zubringen. Am siebten Tag muss er sein Haar nochmals scheren lassen, das Kopf- und Barthaar, die Augenbrauen und die Haare **71** am übrigen Körper, er muss seine Kleider waschen und seinen Körper mit Wasser abspülen. Dann ist er endgültig rein.

Die abführende Wirkung der wilden Gurken
Das ungenießbare Gemüse

Die besonderen medizinischen Einsatzmöglichkeiten bestimmter Pflanzen waren in der Vergangenheit oft Zufallsentdeckungen, so auch die durchschlagende Wirkung der wilden Gurken. Wilde Gurken wuchsen in der frühen Königszeit in Israel im südlichen Teil der Küstenebene und im Jordantal, wo sich der Prophet Elischa und andere Propheten zusammenfanden. Eine Hungersnot zwingt sie, für ihr Essen auf den Feldern zu sammeln, was verwertbar scheint. Sie finden wilde Gurken und kochen sie. Als sie Bauchkrämpfe und Durchfall bekommen, schreien sie: »Oh Mann Gottes, der Tod im Topf!« (Übersetzung nach Luther). Dieser Ausruf der geplagten Männer ist noch heute als geflügeltes Wort in unserer Sprache erhalten und bezeichnet die Aussichtslosigkeit eines Vorhabens.

Der Sinai und der westliche Negev exportieren heutzutage eine große Menge dieser wilden Gurken, die weltweit in der pharmazeutischen Industrie Verwendung finden. In kleinen Mengen wirkt das Fruchtfleisch gegen Magenschmerzen, in großen Mengen hingegen kann seine abführende Wirkung bedrohliche Ausmaße annehmen. (2 Könige 4,38-41)

E lischa kehrte nach Gilgal zurück. Im Land herrschte damals Hungersnot. Als die Propheten der dortigen Prophetengemeinschaft einmal um Elischa versammelt waren, befahl er seinem Diener: »Setz den großen Topf auf und koche den Leuten etwas zu essen!« Einer der Männer ging hinaus aufs Feld, um Malvenfrüchte zu suchen. Aber das Einzige, was er fand, war ein Rankengewächs mit Früchten wie kleine Gurken. Davon sammelte er, so viel er in seinem Obergewand mitnehmen konnte. Dann schnitt er die Früchte in Stücke und warf sie in den Topf. Niemand ahnte, dass sie ungenießbar waren.

Das Gericht wurde an alle ausgeteilt. Doch kaum hatten sie angefangen zu essen, da schrien sie los: »Elischa, Gift im Topf!« Sie brachten es nicht hinunter. Da sagte Elischa: »Gebt mir Mehl!« Er warf es in den Topf und sagte zu seinem Diener: »Teil es ihnen aus!« Da war das Gericht genießbar.

Die fruchtbarkeitsfördernde Wirkung der Alraune
Zwei Schwestern buhlen um die Liebe eines Mannes

Unerwünschte Kinderlosigkeit ist ein Schicksal, das viele Paare zu verzweifelten Maßnahmen treibt. Sie unterwerfen sich langwierigen Behandlungen, die besonders die betroffenen Frauen körperlich und seelisch stark beanspruchen. Oftmals hängt das ganze Glück der Partnerschaft am Ausgang einer solchen Fruchtbarkeitsbehandlung.

In biblischer Zeit war Kinderlosigkeit ein noch viel gravierenderes Problem. Die gesellschaftliche Stellung der Frau hing an ihrer Fähigkeit, gesunde Kinder zu gebären, am liebsten Söhne. Die Sorge um die Nachkommenschaft war ein beherrschendes Thema in den Familien. Kinderlosigkeit war ein gesellschaftlich und religiös akzeptierter Scheidungsgrund. Fruchtbarkeitsfördernde Mittel zu finden war darum für verheiratete, kinderlose Frauen von großer Bedeutung. Der Alraune (Mandragora), einem Nachtschattengewächs, wurden aphrodisische und empfängnisfördernde Wirkungen zugesprochen. In der Bibel wird sie deshalb auch »Liebesapfel« genannt. Die kinderlose Rahel, die besonders geliebte Frau Jakobs, tauscht eine Nacht mit ihrem Geliebten gegen die Alraunfrüchte ihrer Schwester Lea, um endlich wie sie Kinder zu bekommen. Ihr Wunsch geht in Erfüllung, jedoch nicht kraft der Alraune, sondern als Gnadengeschenk Gottes.

Bei einfach lebenden Naturvölkern wird die Alraune bis heute hoch geschätzt. Die Pflanze ist umgeben von Geheimnissen, besonders wegen ihrer menschlich geformten Pfahlwurzel. Die magischen Kräfte der Alraune finden auch vielfache Erwähnung in der Literatur. Durch ihre Beschreibung in den Harry-Potter-Büchern der J. K. Rowling hat die Pflanze regelrechte Berühmtheit erlangt. (1 Mose/ Genesis 29,14b–30,2.14-24)

Jakob war nun schon einen Monat lang im Haus seines Onkels. Eines Tages sagte Laban zu ihm: »Du sollst nicht umsonst für mich arbeiten, nur weil du mein Verwandter bist. Was willst du als Lohn haben?« Nun hatte Laban zwei Töchter, die ältere hieß Lea, die jüngere Rahel. Lea hatte glanzlose Augen, Rahel aber war ausnehmend schön. Jakob liebte Rahel und so sagte er: »Gib mir Rahel, deine jüngere Tochter, zur Frau! Ich will dafür sieben Jahre bei dir arbeiten.« Laban sagte: »Ich gebe sie lieber dir als einem Fremden. Bleib also die Zeit bei mir!«

Jakob arbeitete bei Laban sieben Jahre für Rahel, und weil er sie so sehr liebte, kamen ihm die Jahre wie Tage vor. Danach sagte er zu Laban: »Die Zeit ist um. Gib mir jetzt die Frau, um die ich gearbeitet habe! Ich will mit ihr Hochzeit halten.« Laban lud alle Leute im Ort zur Hochzeitsfeier ein. Aber am Abend führte er nicht Rahel, sondern Lea ins Brautgemach und Jakob schlief mit ihr. Als Dienerin gab Laban ihr seine Sklavin Silpa.

Am Morgen sah Jakob, dass es gar nicht Rahel, sondern Lea war. Da stellte er Laban zur Rede: »Warum hast du mir das angetan? Ich habe doch um Rahel gearbeitet! Warum hast du mich betrogen?« »Es ist bei uns nicht Sitte«, erwiderte Laban, »die Jüngere vor der Älteren wegzugeben. Verbringe jetzt mit Lea die Hochzeitswoche, dann geben wir dir Rahel noch dazu. Du wirst dann um sie noch einmal sieben Jahre arbeiten.« Jakob ging darauf ein. Nachdem die Woche vorüber war, gab Laban ihm auch Rahel zur Frau. Als Dienerin gab er Rahel seine Sklavin Bilha. Jakob schlief auch mit **75**

Rahel, und er hatte sie lieber als Lea. Er blieb noch einmal sieben Jahre lang bei Laban und arbeitete für ihn. Der HERR sah, dass Jakob Lea zurücksetzte, deshalb schenkte er ihr Kinder, während Rahel kinderlos blieb.

Als Lea ihren ersten Sohn geboren hatte, sagte sie: »Der HERR hat meinen Kummer gesehen; jetzt wird mein Mann mich lieben.« Deshalb nannte sie das Kind Ruben. Danach wurde sie wieder schwanger und gebar einen zweiten Sohn. Sie sagte: »Der HERR hat mir auch noch diesen gegeben, weil er gehört hat, dass mein Mann mich zurückgesetzt hat.« So nannte sie ihn Simeon. Wieder wurde sie schwanger und gebar einen Sohn. »Jetzt habe ich meinem Mann drei Söhne geboren«, sagte sie; »nun wird er vielleicht doch an mir hängen.« Deshalb nannte sie ihn Levi. Als sie schließlich ihren vierten Sohn zur Welt brachte, sagte sie: »Jetzt will ich dem HERRN danken«, und nannte ihn Juda. Dann bekam sie lange Zeit keine Kinder mehr.

Als Rahel sah, dass Lea Kinder bekam und sie nicht, wurde sie eifersüchtig auf ihre Schwester und sagte zu Jakob: »Sorge dafür, dass ich Kinder bekomme, sonst will ich nicht länger leben!« Jakob wurde zornig und sagte: »Kann denn ich etwas dafür? Ich bin doch nicht Gott, der dir Kinder versagt!«

Zur Zeit der Weizenernte ging Ruben einmal aufs Feld. Er fand dort Alraunfrüchte und brachte sie seiner Mutter Lea. Da bat Rahel ihre Schwester: »Gib mir doch ein paar von diesen Zauberfrüchten, die dein Sohn gefunden hat.« Aber

Lea sagte: »Reicht es dir nicht, dass du mir meinen Mann weggenommen hast? Musst du mir auch noch die Liebesäpfel meines Sohnes nehmen?« Rahel erwiderte: »Wenn du sie mir gibst, soll Jakob meinetwegen heute Nacht bei dir schlafen.«

Als Jakob am Abend vom Feld nach Hause kam, ging ihm Lea entgegen und sagte: »Heute musst du bei *mir* schlafen; ich habe dafür mit den Liebesäpfeln meines Sohnes bezahlt.« Jakob schlief bei ihr, und Gott erhörte Leas Bitte. Sie wurde schwanger und gebar Jakob einen fünften Sohn. Sie sagte: »Gott hat mich dafür belohnt, dass ich meinem Mann meine Dienerin gegeben habe.« Darum nannte sie ihn Issachar. Sie wurde noch einmal schwanger und gebar Jakob einen sechsten Sohn. Und sie sagte: »Gott hat mir ein kostbares Geschenk gemacht. Jetzt endlich wird mein Mann mich annehmen, nachdem ich ihm sechs Söhne geboren habe.« Darum nannte sie ihn Sebulon. Danach gebar sie noch eine Tochter und nannte sie Dina.

Da endlich dachte Gott an Rahel: Er erhörte ihr Gebet und öffnete ihren Mutterschoß. Sie wurde schwanger und brachte einen Sohn zur Welt. Da sagte sie: »Gott hat meine Schande von mir genommen.« Sie nannte ihn Josef und sagte: »Möge der HERR mir noch einen Sohn dazugeben!«

Schöne Haut durch Myrrhenöl
Salbe für Verliebte

Unüberschaubar groß ist die Zahl der verschiedenen Salben, Körperlotionen und Pflegeöle, die wir in Drogeriemärkten, Naturkostläden und Apotheken erwerben können. Alle diese Produkte versprechen gepflegte und geschmeidige Haut, Schutz gegen Umwelteinflüsse und Alterungsprozesse und lang anhaltenden Duft.
In biblischer Zeit war kostbares Myrrhenöl das Mittel der Wahl. Es macht die Haut weich und glänzend und verströmt einen betörenden Geruch. Myrrhenöl wird aus dem Myrrhenstrauch gewonnen. Wie Tränen quillt das duftende Myrrhenharz aus dem Stamm und den Ästen der Pflanze. Der Ausfluss lässt sich durch Anritzen der Rinde verstärken. Die Bibel beschreibt Myrrhe als das wertvollste und beliebteste Harz des Orients. Myrrhenöl spielte u. a. in der Vorbereitung auf Liebesnächte eine wichtige Rolle. Im Buch Ester wird berichtet, dass Mädchen, die zum Harem des Königs gehören wollten, sich vorher sechs Monate lang mit Myrrhenöl einsalbten. Wie uns die Liebesgedichte aus dem Hohelied Salomos verraten, rieben Verliebte ihre Haut und ihre Lippen damit ein, um einander ihre große Zuneigung und Wertschätzung zu zeigen. Wer es sich leisten konnte, besprengte vor dem Beischlaf das Bett mit Myrrhenöl. (Hoheslied 5,1-16)

ER
Ich komm in den Garten,
zu dir, meine Braut!
Ich pflücke die Myrrhe,
die würzigen Kräuter.
Ich öffne die Wabe
und esse den Honig.
Ich trinke den Wein,
ich trinke die Milch.
Esst, Freunde, auch ihr,
und trinkt euren Wein;
berauscht euch an Liebe!

SIE
Ich lag im Schlaf, jedoch mein Herz blieb wach.
Da klopft's! Ich weiß: Mein Freund
steht vor der Tür.

ER
»Mach auf, mein Schatz, mach auf, ich will zu dir!
Mein Täubchen, öffne doch, lass mich hinein!
Mein Haar ist nass vom Tau der kühlen Nacht.«

SIE
»Ich habe doch mein Kleid schon ausgezogen
und müsst es deinetwegen wieder anziehn.
Auch meine Füße habe ich gewaschen;
ich würde sie ja wieder schmutzig machen!«

79

Durchs Fenster an der Tür greift seine Hand;
ich höre, wie sie nach dem Riegel sucht.
Mein Herz klopft laut und wild. Er ist so nah!
Ich springe auf und will dem Liebsten öffnen.
Als meine Hände nach dem Riegel greifen,
da sind sie feucht von bestem Myrrhenöl.
Schnell öffne ich die Tür für meinen Freund;
doch er ist fort, ich kann ihn nicht mehr sehn.
Mein Herz steht still, fast tötet mich der Schreck!
Ich suche meinen Freund, kann ihn nicht finden.
Ich rufe ihn, doch er gibt keine Antwort.
Die Wächter finden mich bei ihrem Rundgang.
Sie schlagen ohne Mitleid auf mich ein
und reißen mir den Umhang von den Schultern.

Ihr Mädchen alle, ich beschwöre euch:
Wenn euch mein Freund begegnet,
sagt ihm doch,
die Liebessehnsucht macht mich matt
und krank!

DIE MÄDCHEN
Beschreib ihn uns,
du schönste aller Frauen!
Wer ist es, den du suchst?
Was unterscheidet ihn von anderen Männern,
dass du uns so beschwörst?

SIE

Mein Liebster ist blühend und voller Kraft,
nur einer von Tausenden ist wie er!
Sein schönes Gesicht ist so braun gebrannt,
sein Haar dicht und lockig und rabenschwarz.
Die Augen sind lebhaften Tauben gleich.
Ganz weiß sind die Zähne, als hätten sie
gebadet in Bächen von reiner Milch.
Die Wangen sind Beete voll Balsamkraut,
die herrlichsten Würzkräuter sprießen dort.
Wie Lilien leuchtet sein Lippenpaar,
das feucht ist von fließendem Myrrhenöl.
Die Arme sind Barren aus rotem Gold,
mit Steinen aus Tarschisch rundum besetzt.
Sein Leib ist ein Kunstwerk aus Elfenbein,
geschmückt mit Saphiren von reinster Art.
Die Beine sind marmornen Säulen gleich,
die sicher auf goldenen Sockeln stehn.
Dem Libanon gleicht er an Stattlichkeit,
den ragenden Zedern an Pracht und Kraft.
Sein Mund ist voll Süße, wenn er mich küsst –
ja, alles an ihm ist begehrenswert! Seht,
so ist mein Liebster und so mein Freund.
Nun wisst ihr's, ihr Mädchen Jerusalems!

Vegetarische Kost –
gesunde Ernährung aus dem Garten
Die Daniel-Diät

Unsere Gesundheit ist in starkem Maße abhängig von unserer Ernährung. Ärzte und andere Gesundheitsdienste werden nicht müde, auf diesen Zusammenhang hinzuweisen. Immer mehr Menschen entscheiden sich, auch aus gesundheitlichen Gründen auf übermäßigen Fleischverzehr zu verzichten und sich der vegetarischen Kost zuzuwenden. Salate und vitaminreiches Gemüse stehen inzwischen in vielen Restaurants an prominenter Stelle der Speisekarte. Besonders kostbar ist das frische Gemüse aus dem eigenen Garten oder direkt vom Erzeuger aus der Nachbarschaft.

Die Bibel erzählt von Daniel, dem jungen Israeliten, der an den Hof des babylonischen Königs Nebukadnezzar verschleppt wird und dort das Angebot der üppigen fleischreichen Kost ablehnt. Ein solches Essen entspricht nicht den jüdischen Reinheitsvorschriften, an die sich Daniel auch in der Fremde zu halten versucht. Er überredet Palastvorsteher und Aufseher dazu, nur Gemüse und Wasser zu sich nehmen zu dürfen. Sehr zum Erstaunen der Beamten sind Daniel und seine Freunde durch diese Diät nicht nur schlanker und kräftiger, sondern auch gesünder als alle anderen, die am königlichen Hof getafelt haben. Der Ausländer Daniel macht schließlich Karriere am babylonischen Hof. (Daniel 1)

Im dritten Regierungsjahr Jojakims, des Königs von Juda, zog der babylonische König Nebukadnezzar mit einem Heer vor Jerusalem und belagerte die Stadt.

Der HERR gab Jojakim in die Gewalt Nebukadnezzars und auch ein Teil der heiligen Geräte fiel dem Babylonierkönig in die Hände. Er ließ die Geräte nach Babylonien bringen und bewahrte sie in der Schatzkammer beim Tempel seines Gottes auf.

Nebukadnezzar befahl seinem Palastvorsteher Aschpenas, junge Israeliten aus der Verwandtschaft des Königs und aus den vornehmen Familien für ihn auszusuchen.

»Sie müssen gesund sein und gut aussehen«, sagte er. »Außerdem müssen sie klug und verständig sein und eine umfassende Bildung haben, damit sie zum Dienst in meinem Palast geeignet sind. Und dann sollen sie auch unsere Sprache und Schrift lernen.«

Drei Jahre lang sollten die jungen Leute ausgebildet werden, um dann in den Dienst des Königs zu treten. Der König ordnete an, dass sie jeden Tag Speisen und Wein von seiner eigenen Tafel bekamen. Unter den ausgesuchten jungen Männern aus Juda waren auch Daniel, Hananja, Mischaël und Asarja. Der Palastvorsteher gab ihnen babylonische Namen: Daniel nannte er Beltschazzar, Hananja Schadrach, Mischaël Meschach und Asarja Abed-Nego.

Daniel war fest entschlossen, kein Essen und Trinken von der Tafel des Königs anzurühren, um nicht unrein zu werden. Deshalb bat er den Palastvorsteher, nicht von den Speisen des Königs essen zu müssen. Gott half ihm, sodass

83

der Palastvorsteher ihn wohlwollend anhörte. Allerdings sagte er zu Daniel: »Ich habe Angst vor meinem Herrn, dem König. Er hat selbst bestimmt, was ihr essen und trinken sollt. Wenn er feststellt, dass du und deine drei Freunde schlechter aussehen als die anderen jungen Leute, lässt er mir den Kopf abschlagen.«

Daniel wandte sich an den Aufseher, den der Palastvorsteher für ihn und seine drei Freunde bestimmt hatte. »Mach doch einmal zehn Tage lang einen Versuch mit uns«, bat er ihn. »Lass uns Gemüse essen und Wasser trinken! Danach vergleichst du unser Aussehen mit dem der andern jungen Leute, die ihr Essen von der Tafel des Königs bekommen. Und dann entscheidest du, was weiter geschehen soll!«

Der Aufseher war einverstanden und ging auf den Versuch ein.

Nach Ablauf der zehn Tage zeigte es sich, dass Daniel und seine Freunde sogar besser und kräftiger aussahen als die andern jungen Leute, die ihr Essen von der königlichen Tafel erhielten. Da ließ er ihnen weiterhin Gemüse geben; den Wein und die für sie bestimmten Speisen stellte er weg. Gott aber gab den vier jungen Männern Klugheit und Verstand, sodass sie alles begriffen und sich bald in jedem Wissensgebiet auskannten. Daniel besaß darüber hinaus die Fähigkeit, Träume und Visionen zu verstehen und zu deuten. Am Ende der Zeit, die König Nebukadnezzar festgesetzt hatte, sollten ihm alle jungen Leute zur Prüfung vorgeführt werden. Als der Palastvorsteher sie zu ihm brachte und er sich mit ihnen unterhielt, zeigte es sich, dass Daniel, Hananja, Mischaël und Asarja allen anderen überlegen waren. Sie wurden in den königlichen Dienst aufgenommen, und sooft der König in schwierigen Fragen ihren Rat suchte, merkte er, dass sie zehnmal klüger waren als alle Gelehrten und Magier in seinem ganzen Königreich. Daniel blieb im königlichen Dienst bis ins erste Regierungsjahr des Königs Kyrus.

Im Duftgarten

Wenn wir eine schöne Rose stehen sehen, stecken wir unwillkürlich unsere Nase in die geöffnete Blüte: »Oh, wie sie duftet!« Nicht nur Schmetterlinge und Bienen, sondern auch Menschen fühlen sich wie magisch angezogen, wenn der betörende Duft von Rosen und Lilien, der würzige Geruch von Minze oder blühendem Lavendel durch den Garten zieht. Sie gehen schnuppernd auf den Gartenwegen umher und atmen tief ein. Die Gerüche der Pflanzen hüllen sie ein. Viele Pflanzen werden über ihren Geruch erkannt und bestimmt. Zwischen den Fingern zerrieben, entfalten die Blätter ihren je eigenen Duft. Auch Früchte verströmen ein eigenes Aroma.

Schon in biblischer Zeit haben Menschen sich die Gerüche und Duftstoffe des Gartens zunutze gemacht. Die Gärten an den Hängen Babylons waren bekannt für ihren starken Blütenduft. Von Südarabien führte eine Handelsstraße bis nach Jerusalem, die so genannte Weihrauchstraße. Der internationale Handel mit Fruchtextrakten und Duftölen, Räucherwerk und Salben blühte. König Salomo bezahlte große Mengen Gold für Balsam und Spezereien aus fernen Ländern. Lieder und Gedichte priesen die sinnenerregenden Eigenschaften der feinen Duftstoffe. Parfümeure waren damals schon geschätzte Fachleute. Sie trafen bei der Duftherstellung die Auswahl der Bestandteile und komponierten immer neue Varianten. Duftöle und Räucherwerk wurden genutzt, um Gott und seinen Vertreter auf Erden, den König, zu ehren. Sie waren notwendig, um schlechte Gerüche, z. B. den Verwesungsgeruch der Toten, zu überdecken. Aber auch in der Liebeswerbung zwischen Männern und Frauen spielten sie eine große Rolle. Bis heute ist das so geblieben. Menschen, die auf andere anziehend wirken möchten, nutzen teure Rosenöle und Zitrusextrakte, Myrrhenöl und Moschus, um Interesse und positive Gefühle bei ihren Mitmenschen auszulösen. In ihrer Nähe duftet es wie in einem Sommergarten.

Räucherwerk und köstliche Öle zur Ehre Gottes
Mose erhält göttliche Rezepturen

Es ist selten, dass wir in der Bibel richtige Rezepte zur Herstellung bestimmter Produkte finden. Für die Zubereitung des heiligen Salböls und des Räucheropfers zur Ehre Gottes gibt es allerdings ganz genaue Vorschriften: Unter den Anweisungen für den Priesterdienst im Heiligen Zelt, die Mose zusammen mit den steinernen Gebotstafeln auf dem Berg Sinai erhält, finden wir diese Rezepte, die bis in die heutige Zeit nachvollzogen werden. Ein französischer Parfümhersteller nutzt sie in unseren Tagen zur Herstellung eines Bibel-Parfüms, das er teuer verkauft. Ursprünglich aber war das heilige Salböl gerade nicht für die Haut gewöhnlicher Menschen vorgesehen, sondern der Weihe von Priestern und kultischen Gegenständen vorbehalten. Kostbares Myrrhenharz, die duftende Rinde verschiedener Zimtbäume, das ätherische Öl der Kalmuspflanze und kalt gepresstes Olivenöl ergaben in einem bestimmten Verhältnis gemischt das heilige Salböl, das dem Volk Israel half, heilige und profane Räume voneinander zu unterscheiden.

Gleiches galt für die Herstellung und Nutzung der Weihrauchmischung, die ausschließlich für die Verbrennung im Heiligen Zelt vorgesehen war. Ein Wohlgeruch für Gott sollte sie sein. Neben dem Harz des Weihrauchstrauches und der Galbanumpflanze sollten Räucherklaue (das Gehäuse einer Meeresschnecke) und Stakte (das aus den Harztropfen des Mastix-Strauches gewonnen wird) sowie verschiedene Gewürzkräuter verbrannt werden. Zur besseren Verbrennung der Materialien wurde Salz beigegeben. Für ein Pfund des von der Südküste Arabiens mit Karawanen importierten Weihrauchs musste ein Arbeiter damals etwa einen Wochenlohn bezahlen. Angesichts dieses hohen Preises ist es verständlich, dass Weihrauch vor allem im Kult verwendet wurde. (2 Mose/Exodus 30,22-37)

Mose erhielt vom HERRN die Anweisung: »Besorge dir kostbare Duftstoffe, sechs Kilo Myrrhe, drei Kilo Zimt, drei Kilo Kalmus, sechs Kilo Kassia, gewogen nach dem Gewicht des Heiligtums, und dazu dreieinhalb Liter Olivenöl. Lass daraus das wohlriechende Salböl bereiten, das für die Weihe von Personen und Gegenständen gebraucht wird. Salbe mit dem Öl das Heilige Zelt, die Lade mit dem Bundesgesetz, den Tisch für die geweihten Brote mit allen Geräten und den Leuchter mit allem Zubehör, weiter den Räucher- und den Brandopferaltar mit allen zugehörigen Geräten und das Wasserbecken samt Untersatz. Dadurch wird dies alles mir geweiht und in besonderem Maße heilig. Wer als Unbefugter eines dieser geweihten Dinge berührt, muss sterben.

Auch Aaron und seine Söhne sollst du mit dem Öl salben, wenn du sie in den Priesterdienst einsetzt. Den Israeliten aber musst du sagen: ›Das Öl, das nach dieser Anweisung bereitet wird, ist dem HERRN allein vorbehalten. Dies gilt für alle Zukunft. Es darf nicht auf die Haut gewöhnlicher Menschen kommen und ihr dürft es überhaupt nicht für den Gebrauch außerhalb des Heiligtums herstellen. Es ist heilig und ihr sollt es gebührend achten.

Wer unbefugt solches Öl herstellt oder einen gewöhnlichen Menschen damit salbt, hat sein Leben verwirkt und muss aus dem Volk ausgestoßen werden.‹« Weiter sagte der HERR zu Mose: »Besorge dir wohlriechende Stoffe: Stakte, Räucherklaue, Galbanum, Gewürzkräuter und reines Weihrauchharz. Nimm von jedem die gleiche Menge und lass daraus die Mischung für das Räucheropfer bereiten. Füge auch etwas Salz hinzu und verwende nur reine Stoffe. Zerstoße jeweils einen Teil davon zu Pulver und verbrenne **89** ihn im Heiligen Zelt vor der Lade mit dem Bundesgesetz, wo ich dir begegnen werde. Diese Weihrauchmischung soll euch als etwas besonders Heiliges gelten. Deshalb ist sie mir allein vorbehalten; ihr dürft sie nicht für euren eigenen Gebrauch herstellen.

Weihrauch, Myrrhe und Aloe für den Friedenskönig
Die Weisen aus dem Morgenland
bringen Geschenke

Als von Gott ausgewählt und eingesetzt, hatten Israels Könige in biblischer Zeit Anteil an Gottes Würde und seinen Aufgaben. Sie waren der »Arm Gottes« auf Erden. Sie sollten mit Weisheit und Gerechtigkeit regieren und für die Durchsetzung des umfassenden Friedens unter den Völkern sorgen. Für diesen Dienst Gottes wurden sie von Propheten oder Priestern mit Olivenöl gesalbt. Zusätze aus kostbarem Myrrhenharz gaben dem Salböl einen besonderen Duft.

Als Jesus geboren wird, warten die Menschen in Palästina sehnsüchtig auf einen neuen König, der sie von der Fremdherrschaft durch die Römer befreien und eine Herrschaft errichten soll, die ganz dem Heilswillen Gottes entspricht. Sie erwarten den Messias, »den Gesalbten Gottes«. Die Weisen aus dem Morgenland bringen neben Goldgeschenken auch die Spezereien Weihrauch und Myrrhe in den Stall von Betlehem, die teuren Duftstoffe, die sonst in den Zusammenhang der Königsalbung und der Räucheropfer für Gott gehören. Sie drücken damit ihre Verehrung und ihre Hoffnung aus, Jesus möge der erwartete, von Gott eingesetzte Friedenskönig sein, der Gottes Reich auf Erden aufrichten wird.

Am Ende seines Lebens wickeln Nikodemus und Josef von Arimathäa, zwei Freunde von Jesus, seinen Leichnam mit hundert Pfund (nach unserem Gewicht 32,7 kg) Myrrhe und Aloe in Leinentücher ein, um ihn so zu bestatten. Die Einbettung in Spezereien kam damals nur Königen zu. Die Freunde drücken ihre Überzeugung aus: Jesus ist der wahre »König der Juden«. (Matthäus 2,1-12)

Jesus wurde in Betlehem in Judäa geboren, zur Zeit, als König Herodes das Land regierte. Bald nach seiner Geburt kamen Sterndeuter aus dem Osten nach Jerusalem und fragten: »Wo finden wir den neugeborenen König der Juden? Wir haben seinen Stern aufgehen sehen und sind gekommen, um uns vor ihm niederzuwerfen.« Als König Herodes das hörte, erschrak er und mit ihm ganz Jerusalem. Er ließ alle führenden Priester und Gesetzeslehrer im Volk Gottes zu sich kommen und fragte sie: »Wo soll der versprochene Retter geboren werden?« Sie antworteten: »In Betlehem in Judäa. Denn so hat der Prophet geschrieben: ›Du Betlehem im Land Juda! Du bist keineswegs die unbedeutendste unter den führenden Städten in Juda, denn aus dir wird der Herrscher kommen, der mein Volk Israel schützen und leiten soll.‹«

91

Daraufhin rief Herodes die Sterndeuter heimlich zu sich und fragte sie aus, wann sie den Stern zum ersten Mal gesehen hätten. Dann schickte er sie nach Betlehem und sagte: »Geht und erkundigt euch genau nach dem Kind, und wenn ihr es gefunden habt, gebt mir Nachricht! Dann will ich auch hingehen und mich vor ihm niederwerfen.« Nachdem sie vom König diesen Bescheid erhalten hatten, machten sich die Sterndeuter auf den Weg. Und der Stern, den sie schon bei seinem Aufgehen beobachtet hatten, ging ihnen voraus. Genau über der Stelle, wo das Kind war, blieb er stehen.

Als sie den Stern sahen, kam eine große Freude über sie. Sie gingen in das Haus und fanden das Kind mit seiner Mutter Maria. Da warfen sie sich vor ihm zu Boden und ehrten es als König. Dann holten sie die Schätze hervor, die sie mitgebracht hatten, und legten sie vor ihm nieder: Gold, Weihrauch und Myrrhe. In einem Traum befahl ihnen Gott, nicht wieder zu Herodes zu gehen. So zogen sie auf einem anderen Weg in ihr Land zurück.

Duftende Salbe – zärtliche Geste
Die verschwenderische Liebe einer Frau

In der Säuglingspflege können wir es besonders eindrücklich erleben, wie gut es Babys tut, von den warmen Händen eines wohlgesonnenen Menschen eingesalbt zu werden. Die zärtliche Berührung der Haut bringt eine große Entspannung des Körpers. Die Glieder des Babys werden lang, der ganze kleine Körper »aalt sich« unter der wohltuenden Wirkung der duftenden Salbe und der streichelnden Hände.

»Im Neuen Testament steckt eine Theologie der Zärtlichkeit, die immer heilend wirkt ... Dieses zärtliche Element ist noch gar nicht entdeckt worden«, sagt Heinrich Böll. In den christlichen Kirchen und Gemeinschaften wird heute zunehmend nach sinnlichen Erfahrungen der Liebe Gottes gefragt, nach Salbungsgottesdiensten, Krankensalbungen und der so genannten »Letzten Ölung«. Menschen suchen nach einer ganzheitlichen Gottesbegegnung.

Immer wieder wird in diesem Zusammenhang von der Frau in Betanien gesprochen, die während eines Essens duftendes Nardenöl über Jesu Kopf ausgoss und ihn damit salbte. Mit dieser liebevollen Geste gibt die Frau die innere Berührung zurück, die sie zuvor durch Jesus erfahren hat. Sie schenkt Narde, das kostbare Öl der Pflanze Nardostachys jatamansi aus der Familie der Baldriangewächse, die nur an den 4 000 Meter hohen Hängen des Himalaja-Gebirges wächst. Der weite Weg dieser Pflanze von Indien nach Palästina machte sie zu einem unglaublich kostbaren Luxusgut. (Markus 14,3-9)

J esus war in Betanien bei Simon, dem Aussätzigen, zu Gast. Während des Essens kam eine Frau herein. Sie hatte ein Fläschchen mit reinem, kostbarem Nardenöl. Das

öffnete sie und goss Jesus das Öl über den Kopf. Einige der Anwesenden waren empört darüber. »Was soll diese Verschwendung?«, sagten sie zueinander. »Dieses Öl hätte man für mehr als dreihundert Silberstücke verkaufen und das Geld den Armen geben können!«
Sie machten der Frau heftige Vorwürfe. Aber Jesus sagte: »Lasst sie in Ruhe! Warum bringt ihr sie in Verlegenheit? Sie hat eine gute Tat an mir getan. Arme wird es immer bei euch geben und ihr könnt ihnen helfen, sooft ihr wollt. Aber mich habt ihr nicht mehr lange bei euch. Sie hat getan, was sie jetzt noch tun konnte: Sie hat meinen Körper im Voraus für das Begräbnis gesalbt. Ich versichere euch: Überall in der Welt, wo in Zukunft die Gute Nachricht verkündet wird, wird auch berichtet werden, was sie getan hat. Ihr Andenken wird immer lebendig bleiben.«

Das Parfüm der jungen Leute
Liebeswerben im Hohelied Salomos

»Ich kann diesen Menschen nicht riechen«, sagen wir, wenn wir jemanden nicht leiden können. In unserer Sprache hat sich die Erfahrung niedergeschlagen, dass unser Geruchsorgan in unserem Verhältnis zu anderen Menschen eine wichtige Rolle spielt. Sympathie oder Antipathie entwickeln sich auch mit Hilfe der Gerüche, die wir voneinander wahrnehmen. Besonders wenn wir einander körperlich nahe kommen, ist der Geruch des jeweils anderen von großer Bedeutung. Darum sind Duftstoffe im Liebeswerben junger Leute sehr wichtig und werden teuer gehandelt.

Im Hohelied Salomos, einer Sammlung altorientalischer Liebeslyrik in der Bibel, erfahren wir, welche Duftstoffe in biblischer Zeit besonders beliebt waren: Der Mann benutzte Olivenöl mit würzig duftenden Essenzen, Myrrhenharz und den Blütenduft vom Hennastrauch, um seine Freundin damit zu locken. Die Frau rieb sich mit Nardenöl ein und verströmte den Geruch des Zedernwaldes auf dem Libanongebirge, um anziehend zu wirken. (Hoheslied 1,1-3.12-14; 4,10-15)

Das schönste aller Lieder, von Salomo:

Sɪᴇ
Komm doch und küss mich!
Deine Liebe berauscht mich
mehr noch als Wein.

Weithin verströmen
deine kostbaren Salben
herrlichen Duft.

Jedermann kennt dich,
alle Mädchen im Lande
schwärmen für dich!

95

Solange mein König mir nahe ist,
verbreitet mein Nardenöl seinen Duft.
Mein Liebster liegt bei mir, an meiner Brust,
er duftet wie würziges Myrrhenharz,
so kräftig wie Blüten vom Hennastrauch;
im Weinberg von En-Gedi wachsen sie.

Er
Wie glücklich du mich machst
mit deiner Zärtlichkeit!
Mein Mädchen, meine Braut,
ich bin von deiner Liebe
berauschter als von Wein.
Du duftest süßer noch
als jeder Salbenduft.

Wie Honig ist dein Mund,
mein Schatz, wenn du mich küsst,
und unter deiner Zunge
ist süße Honigmilch.
Die Kleider, die du trägst,
sie duften wie der Wald
hoch auf dem Libanon.

Meine Braut ist ein Garten
voll erlesener Pflanzen!
An Granatapfelbäumen
96 reifen köstliche Früchte.

Herrlich duften die Rosen
und die Blüten der Henna.
Narde, Safran und Kalmus,
alle Weihrauchgewächse,
Zimt und Aloë, Myrrhe,
alle Arten von Balsam
sind im Garten zu finden.
Eine Quelle entspringt dort
mit kristallklarem Wasser,
das vom Libanon herkommt.
Aber noch sind mir Garten
und Quelle verschlossen!

Garten- und Feldarbeit

Es gibt Menschen, denen ist ihr Garten eine Last. Sie fühlen sich ihm nicht gewachsen, haben nicht genug Kraft und Zeit für die vielen Pflichten und Mühen, die ihr Garten ihnen auferlegt: das Graben und Unkrautjäten, das Mähen und das Bewässern, das Beschneiden und die Schädlingsbekämpfung. Gartenarbeit kostet sie Überwindung.

Es gibt Menschen, die hält ihr Garten am Leben. Nicht nur, weil die Bewegung an der frischen Luft für sie gesund ist, sondern weil der Garten sie ruft. Er ist ein lebendiger Organismus, der ihre tägliche Aufmerksamkeit und kompetente Pflege braucht, der zu einer wirklichen Lebensaufgabe werden kann. Der Garten gibt viel zurück – wie ein zuverlässiger Partner: das gesunde Grün seiner Blätter, die Schönheit seiner Blumen, das Gedeihen seiner Früchte, die Anmut seiner Plätze und Wege. Er ist Lebensraum für Tiere und Menschen und bindet alle ein in den Rhythmus der Jahreszeiten.

Gartenarbeit kommt aus der Einsicht in das Notwendige: Das Gras ist gewachsen, also mähe ich. Die Rosen sind verblüht, also schneide ich sie ab. Der Kompost ist reif, also setze ich ihn um. Der Apfelbaum sieht kümmerlich aus, also grabe ich um ihn und gebe ihm Dünger. Ich tue jetzt das, was dran ist, alles zu seiner Zeit. Der Garten spricht mit mir, ich antworte. Gartenarbeit ist ein innerer Akt der wachen Zuwendung und des Sicheinfügens in die Schöpfung. Sie ist gut geerdete Arbeit, die Menschen erfüllen und froh machen kann.

Aus Erfahrung klug
Von der Weisheit planvollen Handelns

Viele Faktoren haben Einfluss auf das Gedeihen eines Ackers oder eines Gartens: die Lage und die Beschaffenheit des Bodens, die Eigenarten der Pflanzen, der Rhythmus der Jahreszeiten und das Wetter. Es braucht die Erfahrung und Weisheit eines Gärtners, einer Gärtnerin, alle Faktoren angemessen zu berücksichtigen und das gärtnerische Verhalten nach ihnen auszurichten. Gartenkundige haben nicht nur angelernte Kenntnisse im Kopf, sondern entwickeln Augen und Ohren für die aktuellen und individuellen Bedürfnisse der Pflanzen. Er oder sie beurteilt ihren Zustand, schätzt die weitere Entwicklung ein und gibt den Pflanzen, was sie gerade brauchen. Oft kann man »Gespräche über den Gartenzaun« belauschen, in denen Hobbygärtner über die angemessene Behandlung von Boden und Pflanzen fachsimpeln. Sie tauschen ihre Kenntnisse aus und geben einander kluge Ratschläge. Wie in vielen Fachgebieten kommt es dabei auch hier zu manch unangenehmer Besserwisserei und Kritik.

99

So ging es auch dem Propheten Jesaja, der für seine Arbeit, die Verkündigung von Gottes Wort, einige Kritik und Verbesserungsvorschläge einstecken musste. In einem Gleichnis nimmt er dazu Stellung. Er vergleicht seine Arbeit mit der eines klugen Bauern: Von Gott hat der Landmann gelernt, wann und wie er sein Feld bestellen muss. Gott hat ihm die Erfahrung geschenkt, dass es für die Bearbeitung des Ackers und der Früchte keine starren Regeln geben kann, sondern dass sich der Bauer der jeweiligen Situation anpassen muss. Wer aus Erfahrung klug wird und auf Gottes Weisungen achtet, der kommt zum Ziel. (Jesaja 28,23-29)

Jesaja sagte: Hört mir gut zu, achtet auf das, was ich euch sage! Wenn ein Bauer die Aussaat vorbereitet, pflügt er dann jeden Tag seinen Acker? Zieht er immer wieder dieselben Furchen und hört nicht auf, die Schollen zu ebnen? Nicht wahr, wenn er sie geebnet hat, streut er Schwarzkümmel und Kreuzkümmel aus, sät Weizen, Hirse und Gerste auf sein Feld und Dinkel an die Ränder. Sein Wissen hat er von Gott, der ihn unterwiesen hat, wie er vorgehen soll.

Den Schwarzkümmel drischt er nicht mit dem Dreschschlitten aus, er fährt auch nicht mit einem Wagenrad über den Kreuzkümmel. Nein, beide klopft er mit dem Stock aus. Das Brotgetreide drischt er nicht endlos, sonst wird es ja zerquetscht. Wenn er den Erntewagen mit den Zugtieren in Bewegung setzt, gibt er Acht, dass das Korn nicht platt gequetscht wird. Auch dieses Wissen hat er vom H ERRN , dem Herrscher der Welt. Gottes Pläne sind zum Staunen, und er weiß genau, wie er sie zum Ziel führt.

Säen und Pflanzen
Das Gleichnis von der Aussaat

Der Bauer, der mit großen Schritten über seinen Acker geht, das Saatgut aus seinem Tuch holt und es mit gleichmäßigen Armbewegungen in weitem Bogen über das Feld streut, gehört wohl in den meisten Ländern Europas der Vergangenheit an. Viele kennen diese Art der Aussaat nur noch von dem schönen Ölbild, auf dem Vincent van Gogh einen solchen Sämann festgehalten hat. Heute geschieht die Getreideaussaat meistens mit Maschinen, die für perfekte Gleichmäßigkeit sorgen. Früher war das Säen eine Kunstfertigkeit und musste lange geübt werden: Die Hand des Sämanns sollte mit dem Schritt des rechten Fußes in ein gleiches Zeitmaß kommen. Gleichzeitig sollte die Beschaffenheit des Bodens beachtet werden, um beim Auswerfen nicht allzu viel von dem kostbaren Saatgut auf steinigem Boden oder auf den angrenzenden Wiesen zu verlieren.

Jedes Korn, das bestimmungsgemäß in die Erde kommt, verwandelt die in ihm steckende Energie. Traubenzucker, Stärke, Fette, Vitamine, Spurenelemente und Enzyme setzen einen perfekten Wandlungsprozess in Gang, an des-

101

sen Ende viele neue Samenkörner entstehen. Mit unserem menschlichen Potenzial verhält es sich ganz ähnlich: Gott hat vielfältige Energien und Wachstumskräfte wie einen Samen in uns hineingelegt. In jedem von uns schlummert ein Keim, der sich entfalten soll. Es liegt in unserer Verantwortung, was aus dem wird, was Gott mit uns begonnen hat. (Markus 4,2b-9.13-20)

Jesus sagte:
»Hört zu! Ein Bauer ging aufs Feld, um zu säen. Als er die Körner ausstreute, fiel ein Teil von ihnen auf den Weg. Da kamen die Vögel und pickten sie auf. Andere Körner fielen auf felsigen Grund, der nur mit einer dünnen Erdschicht bedeckt war. Sie gingen rasch auf, weil sie sich nicht in der Erde verwurzeln konnten; aber als die Sonne hochstieg, vertrockneten die jungen Pflanzen, und weil sie keine Wurzeln hatten, verdorrten sie. Wieder andere Körner fielen in Dornengestrüpp, das bald die Pflanzen überwucherte und erstickte, sodass sie keine Frucht brachten. Andere Körner schließlich fielen auf guten Boden; sie gingen auf, wuchsen und brachten Frucht. Manche brachten dreißig Körner, andere sechzig, wieder andere hundert.« Und Jesus sagte: »Wer Ohren hat, soll gut zuhören!«

Jesus fragte die Zwölf und die anderen Jünger: »Versteht ihr dieses Gleichnis denn nicht? Wie wollt ihr dann all die anderen Gleichnisse verstehen? Der Bauer, der die Samenkörner ausstreut, sät die Botschaft Gottes aus. Manchmal fallen die Worte auf den Weg. So ist es bei den Menschen, die die Botschaft zwar hören, aber dann kommt sofort der Satan und nimmt weg, was in ihr Herz gesät wurde.

Bei anderen ist es wie bei dem Samen, der auf felsigen Grund fällt. Sie hören die Botschaft und nehmen sie sogleich mit Freuden an; aber sie kann in ihnen keine Wurzeln schlagen, weil diese Leute unbeständig sind. Wenn sie wegen der Botschaft in Schwierigkeiten geraten oder verfolgt werden, werden sie gleich an ihr irre. Wieder bei anderen ist es wie bei dem Samen, der in das Dornengestrüpp fällt. Sie hören zwar die Botschaft, aber sie verlieren sich in ihren Alltagssorgen, lassen sich vom Reichtum verführen und leben nur für ihre Wünsche. Dadurch wird die Botschaft erstickt und bleibt wirkungslos. Bei anderen schließlich ist es wie bei dem Samen, der auf guten Boden fällt. Sie hören die Botschaft, nehmen sie an und bringen Frucht, manche dreißigfach, andere sechzigfach, wieder andere hundertfach.«

Wachsen lassen und vertrauen
Das Gleichnis von der selbstwachsenden Saat

Wer mit Pflanzen zu tun hat und ihre Früchte ernten will, muss Geduld lernen. Wie schwer das ist, können wir an Kindern beobachten, die zum ersten Mal selbst etwas aussäen dürfen. Immer wieder laufen sie zu ihrem Beet und warten ungeduldig auf die ersten grünen Spitzen. So- **103** bald sich die kleinen Sprosse zeigen, möchten sie am liebsten daran ziehen, um das Wachstum der Pflanzen zu beschleunigen.

Es fällt schwer zu begreifen, dass wir normalerweise nichts tun können, um die Reifung der Pflanzen schneller zu erreichen. Der Prozess von der Aussaat zur Ernte braucht seine von der Natur vorgegebene Zeit. Wir können nur zuschauen und warten. So schwierig es scheint, Entwicklungen einfach abwarten zu müssen, so entlastend ist es auch. Die Saat geht von selbst auf. Die Pflanzen entfalten ihre innere Kraft. Wir sind nicht für jeden Entwicklungsschritt selbst verantwortlich. Gelassenheit und Vertrauen in Gottes Wirken helfen dem gesunden Wachstumsprozess oft mehr als übermäßige Aktivität und frühzeitiges Eingreifen. Im Garten – und auch sonst im Leben – wird der Geduldige belohnt. (Markus 4,26-29; Johannes 12,24)

Z u den versammelten Menschen sagte Jesus: »Mit der neuen Welt Gottes ist es wie mit dem Bauern und seiner Saat: Hat er gesät, so geht er nach Hause, legt sich nachts schlafen, steht morgens wieder auf – und das viele Tage lang. Inzwischen geht die Saat auf und wächst; der Bauer weiß nicht wie. Ganz von selbst lässt der Boden die Pflanzen wachsen und Frucht bringen. Zuerst kommen die Halme, dann bilden sich die Ähren und schließlich füllen sie sich mit Körnern. Sobald das Korn reif ist, schickt der Bauer die Schnitter, denn es ist Zeit zum Ernten.

Amen, ich versichere euch: Das Weizenkorn muss in die Erde fallen und sterben, sonst bleibt es allein. Aber wenn es stirbt, bringt es viel Frucht.«

Wunderbare Verwandlung: vom Samen zur Pflanze
Wie sollen wir uns die Auferstehung vorstellen?

Manchen Menschen ist – für den Fall ihres eigenen Todes – der Gedanke an eine Erdbestattung zuwider. Die Vorstellung, ihr Körper würde langsam in der Erde verwesen und sich in seine ursprünglichen Bestandteile auflösen, macht ihnen schwer zu schaffen. Sie können sich eher mit dem Gedanken an eine Feuerbestattung anfreunden. Die Verbrennung des toten Leibes empfinden sie als eine »saubere« Lösung. Vielen gefällt auch die Idee, dass in dem zum Himmel aufsteigenden Rauch des Feuers die menschliche Seele zu Gott gelangt.

Der Apostel Paulus nutzt in einem seiner Briefe die Vorstellung des in der Erde verwesenden Leibes, um seinen Glauben an die Auferstehung der Toten anschaulich zu machen. Er vergleicht den menschlichen Körper mit einem Samenkorn, das in die Erde gelegt werden und verrotten muss, um eine neue Pflanze hervorbringen zu können. Der Same wird verwandelt und bekommt einen neuen Körper, der auf den ersten Blick keine Ähnlichkeit hat mit der ursprünglichen Gestalt. Vielmehr erscheint die neue Pflanze wie ein Wunder angesichts des kleinen, **105** unscheinbaren, harten Samenkorns, aus dem sie hervorgegangen ist. Die neue Pflanze aber ist nicht ohne den Tod des Samenkorns zu haben.

So sollen wir uns – nach Paulus – die Auferstehung der Toten vorstellen. Sie ist keine rein geistige Angelegenheit, vielmehr werden die Verstorbenen in die Erde gelegt und müssen vergehen, damit sie in anderer Gestalt – ganzheitlich – zu neuem Leben erwachen. Dieses neue Leben der Menschen ist aber, anders als bei den Pflanzen, nicht dazu bestimmt, den natürlichen Kreislauf von Werden und Vergehen immer wieder zu durchlaufen. Der Leib der Auferstehung ist ein vollkommener Leib – von Gottes Geist beseelt und für das ewige Leben bei Gott bestimmt. (1 Korinther 15,35-49)

Aber vielleicht fragt jemand: »Wie soll denn das zugehen, wenn die Toten auferweckt werden? Was für einen Körper werden sie dann haben?«

Wie kannst du nur so fragen! Wenn du einen Samen ausgesät hast, muss er zuerst sterben, damit die Pflanze leben kann. Du säst nicht die ausgewachsene Pflanze, sondern nur den Samen, ein Weizenkorn oder irgendein anderes Korn. Gott aber gibt jedem Samen, wenn er keimt, den Pflanzenkörper, den er für ihn bestimmt hat. Jede Samenart erhält ihre besondere Gestalt. Auch die Lebewesen haben ja nicht alle ein und dieselbe Gestalt. Menschen haben eine andere Gestalt als Tiere, Vögel eine andere als Fische.

Außer den Körpern auf der Erde aber gibt es auch noch solche am Himmel. Die Himmelskörper haben eine andere Schönheit als die Körper auf der Erde, und unter ihnen leuchtet die Sonne anders als der Mond, der Mond wieder anders als die Sterne. Auch die einzelnen Sterne unterscheiden sich voneinander durch ihren Glanz.

So könnt ihr euch auch ein Bild von der Auferstehung der Toten machen. Was in die Erde gelegt wird, ist vergänglich; aber was zum neuen Leben erweckt wird, ist unvergänglich. Was in die Erde gelegt wird, ist armselig; aber was zum neuen Leben erweckt wird, ist voll Herrlichkeit. Was in die Erde gelegt wird, ist hinfällig; aber was zum neuen Leben erweckt wird, ist voll Kraft. Was in die Erde gelegt wird, war von natürlichem Leben beseelt; aber was zu neuem Leben erwacht, wird ganz vom Geist Gottes beseelt sein.

Wenn es einen natürlichen Körper gibt, muss es auch einen vom Geist beseelten Körper geben. Es heißt ja in den Heiligen Schriften: »Der erste Mensch Adam wurde von natürlichem Leben beseelt.« Christus dagegen, der letzte Adam, wurde zum Geist, der lebendig macht. Aber zuerst kommt die Natur, dann der Geist, nicht umgekehrt. Der erste Adam wurde aus Erde gemacht; er ist Erde. Der zweite Adam stammt vom Himmel. Die irdischen Menschen sind wie der irdische Adam, die himmlischen Menschen wie der himmlische Adam. So wie wir jetzt dem Menschen gleichen, der aus Erde gemacht wurde, so werden wir künftig dem gleichen, der vom Himmel gekommen ist. **107**

Umgraben und Düngen
Das Gleichnis vom unfruchtbaren Feigenbaum

Die kapitalistische Leistungsgesellschaft entwickelt sich weltweit zur einzig geltenden Gesellschaftsform. Dabei tritt ein unlösbar scheinendes Problem immer deutlicher zu Tage: Menschen, die Schwächen zeigen und unter Beeinträchtigungen leiden, fallen auf allen Ebenen aus dem System: in der Schule, im Kampf um die Arbeitsplätze, in der Gesundheitsversorgung ... Wer nicht perfekt funktioniert und der Gesellschaft nicht auf Anhieb Nutzen bringt, wird »abgesägt«. Und wer sich für die Schwachen in der Gesellschaft einsetzt und Solidarität fordert, hat es schwer, gegen die allseits akzeptierten Sachzwänge und Gesetzmäßigkeiten der Leistungsgesellschaft anzutreten und sich Gehör zu verschaffen.

So kann es auch einem engagierten Gärtner ergehen, der versucht, eine Pflanze, die keinen Ertrag bringt, gegen die Unternehmervernunft des Gartenbesitzers zu verteidigen. In einem Gleichnis von Jesus kämpft ein Gärtner um Aufschub für einen Baum, der noch keine Früchte trägt. Er soll umgehauen werden, damit er den gesunden Weinstöcken um sich herum nicht das Sonnenlicht und die Kraft aus dem Boden wegnehmen kann.

Der Weinbergbesitzer steht für einen Gott, der Leistungsgerechtigkeit fordert. Mit ihm streitet – in der Rolle des Gärtners – Gottes Sohn um »Gnade vor Recht«. Er

bittet um die Möglichkeit der individuellen Beurteilung

und Behandlung für den Baum. Er gibt die Hoffnung nicht auf. In die Tiefe will er graben, der Sache auf den Grund gehen, dem unfruchtbaren Baum eine »Wurzelbehandlung« und besondere Ernährung zukommen lassen. Das Ende der Geschichte bleibt offen. Bekommt der Baum eine Chance? Wird sich die Mühe des Gärtners lohnen? Gärtner sind gesucht – im wörtlichen wie im übertragenen Sinn –, die um die schwachen, langsamen und benachteiligten Pflanzen kämpfen. (Lukas 13,6-9)

Dann erzählte ihnen Jesus folgendes Gleichnis: »Ein Mann hatte in seinem Weinberg einen Feigenbaum gepflanzt. Er kam und suchte Früchte an ihm und fand keine. Da sagte er zu seinem Weingärtner: ›Hör zu: Drei Jahre sind es nun schon, dass ich herkomme und an diesem Feigenbaum nach Früchten suche und keine finde. Also hau ihn um, was soll er für nichts und wieder nichts den Boden aussaugen!‹ Aber der Weingärtner sagte: ›Herr, lass ihn doch dieses Jahr noch stehen! Ich will den Boden rundherum gut auflockern und düngen. Vielleicht trägt der Baum dann im nächsten Jahr Früchte. Wenn nicht, dann lass ihn umhauen!‹«

Schädlinge und Ungeziefer
Die Heuschreckenplage als Gottes Gericht

Es gibt Jahre, da entwickeln sich Blattläuse und Schnecken, Pilze und andere Schädlinge im Garten zu einer schwer beherrschbaren Plage. Buchstäblich »über Nacht« sind Bäume und Gemüsebeete leer gefressen, Blätter werden braun und klebrig und Früchte faul. Dann gibt es kaum ein anderes Thema unter Gartenbesitzern als die Frage: »Wie können wir unsere Pflanzen vor der Zerstörung schützen?« Vom Brennnesselsud bis zur Giftspritze wird alles ausprobiert. Aber manchmal hilft das alles nichts. Die Schönheit des Gartens ist dahin, die Ernte fällt aus und alle können nur hoffen, dass die Schädlinge in den Frostnächten des nächsten Winters erfrieren.

Wie ein Gottesgericht erschien auch den Menschen in biblischer Zeit die Zerstörung ihrer Ernte durch Schädlinge und Ungeziefer. Sie beklagen kahle Feigenbäume, verwüstete Weinstöcke, abgenagte Felder und verdorbenes Getreide. Käferbefall und Raupenfraß im Garten sowie Heuschrecken, die wie eine hungrige Armee über die Felder herfallen, nehmen Mensch und Tier Nahrung und Lebensfreude. Sogar die Speise- und Trankopfer im Tempel müssen ausfallen, weil es an Getreide, Wein und Öl fehlt. Wie sind die Menschen zu damaliger Zeit mit diesen Erfahrungen umgegangen?

Schneckenkorn, Läusegift und andere vernichtende Mittel gab es noch nicht. Die Bibel schildert trauernde Bauern

110

und weinende Gärtner, die befürchten, dieses Unglück durch eigenes schuldhaftes Verhalten hervorgerufen zu haben. Die Heuschreckenplage wird für sie zu einem Bild für das letzte große Weltgericht. Darum suchen sie Hilfe bei Gott. Priester und andere Angestellte des Tempels in Jerusalem werden gebeten, eine Buß- und Fastenzeit auszurufen und Bittgottesdienste zu organisieren, um Gott gnädig zu stimmen. Nur ein radikaler Sinneswandel, das Gebet und die Hoffnung auf Gottes große Güte und Barmherzigkeit können helfen und eine neue reiche Ernte ermöglichen. (Joel 1–2)

Und Joël verkündete: Hört her, ihr Alten und Erfahrenen, hört her, alle Leute im Land! Ist so etwas Unerhörtes schon einmal vorgekommen, zu euren Lebzeiten oder zur Zeit eurer Vorfahren? Erzählt es euren Kindern, damit sie es ihren eigenen Kindern weitersagen und diese wieder der folgenden Generation! Heuschrecken sind über die Felder hergefallen, Schwarm auf Schwarm; alles haben sie kahl gefressen. Was die einen übrig ließen, haben die nächsten verzehrt.

Wacht auf, ihr Betrunkenen, und weint! Heult, ihr Zecher alle, denn es wird keinen neuen Wein geben! Ein Heer, das unbesiegbar und nicht zu zählen ist, hat unser Land überfallen. Sie haben Zähne wie Löwen. Unsere Weinstöcke haben sie kahl gefressen und die Feigenbäume entlaubt, sogar die Rinde haben sie abgenagt und nur das nackte Holz übrig gelassen. Weint und klagt wie eine Braut, **111** die im Sack umhergeht, weil sie ihren Bräutigam verloren hat!

Die Felder sind verwüstet und ausgedörrt. Die Ernte ist vernichtet; niemand bringt mehr Korn, Öl und Wein als Speise- und Trankopfer in den Tempel des HERRN. Darum trauern die Priester, die den Opferdienst für den HERRN versehen. Klagt über euer Unglück, ihr Bauern und Weingärtner! Es gibt weder Weizen noch Gerste, die ganze Ernte ist verloren. Die Weinstöcke sind verdorrt, die Feigen- und Dattelbäume, die Granat- und Apfelbäume und alle wild wachsenden Bäume im Land sind entlaubt. Die ganze Freude der Menschen welkt dahin.

Ihr Priester am Altar des HERRN, legt den Sack um die Hüften und klagt! Behaltet ihn auch bei Nacht an! Es gibt keine Speise- und Trankopfer mehr im Tempel eures Gottes. Ruft einen Fasttag aus! Ordnet einen Bußgottesdienst an! Die Ältesten und das ganze Volk sollen sich im Tempel des HERRN, eures Gottes, versammeln und zu ihm um Hilfe rufen! Wehe, was steht uns bevor! Der Tag, an dem der HERR Gericht hält, ist nahe. Ein gewaltiges Strafgericht kommt von Gott, dem Gewaltigen!

Mit eigenen Augen mussten wir zusehen, wie unsere Nahrung vernichtet wurde. Darum sind Freude und Jubel im Haus unseres Gottes verstummt. Die Saatkörner liegen vertrocknet unter den Erdschollen. Die Vorräte sind aufgebraucht, die Speicher verfallen; denn es gibt kein Korn mehr. Brüllend irren die Rinder umher, weil sie kein Futter finden, und sogar die Schafherden leiden Not.

Zu dir, HERR, rufe ich um Hilfe! Die Gluthitze hat das Gras in der Steppe verzehrt und die Bäume auf dem Feld versengt. Auch die wilden Tiere schreien zu dir; denn die Wasserläufe sind versiegt und das Gras ist verdorrt. Blast das Alarmhorn auf dem Zion, gebt Alarm auf dem heiligen Berg des HERRN! Zittert, ihr Bewohner des Landes! Der Tag, an dem der HERR Gericht hält, ist nahe! Dunkel wie die Nacht ist dieser Tag, verhangen mit düsteren Wolken. So plötzlich, wie das frühe Morgenlicht sich über die Berge ausbreitet, fällt ein gewaltiges Heer von Feinden ins Land ein, das nicht zu zählen ist. Noch nie habt ihr so etwas erlebt und nie wieder wird es das geben in allen künftigen Generationen.

Vor ihnen her wütet Feuer und hinter ihnen lodern die Flammen. Bevor sie kommen, ist das Land blühend wie der Garten Eden, und wenn sie vorübergezogen sind, liegt es so trostlos da wie die Wüste. Nichts wird von ihnen verschont. Sie sehen aus wie Pferde, sie rennen daher wie Rosse in der Schlacht. Wenn sie über die Berggipfel springen, klingt es wie das Rasseln von Streitwagen, wie das Prasseln der Flammen, die ein Stoppelfeld verzehren. Sie sind wie ein kampfbereites Heer. Bei ihrem Anblick winden sich die Völker vor Angst, alle Gesichter werden bleich.

Wie Sturmtruppen greifen sie an und erklettern die Mauern. Unbeirrbar gehen sie ihren Weg; keiner weicht einen Schritt davon ab oder kommt dem Nebenmann in die Quere. Keine Waffe kann ihren Vormarsch aufhalten. Sie überfallen die Stadt, erstürmen die Mauern, klettern wie **113**

Diebe durch die Fenster in alle Häuser. Die Erde bebt und der Himmel zittert vor ihnen, Sonne und Mond verfinstern sich und die Sterne hören auf zu strahlen. Der HERR selbst führt sie an, er gibt ihnen mit Donnerstimme Befehle. Das ganze riesengroße Heer vollstreckt seinen Willen. Schrecklich ist der Tag, an dem der HERR eingreift. Wer wird ihn überstehen?

»Aber selbst jetzt noch könnt ihr zu mir umkehren«, sagt der HERR. »Wendet euch mir zu von ganzem Herzen, fastet, weint und klagt! Zerreißt eure Herzen und nicht eure Kleider!« Ja, kehrt um zum HERRN, eurem Gott! Ihr wisst doch: »Er ist voll Liebe und Erbarmen. Er hat Geduld, seine Güte kennt keine Grenzen. Das Unheil, das er androht – wie oft tut es ihm Leid!« Vielleicht tut es ihm auch diesmal Leid und er lässt auf euren Feldern und Weinbergen wieder eine Ernte heranwachsen. Dann könnt ihr ihm, eurem Gott, wieder Korn und Wein als Opfer darbringen.

Blast das Horn auf dem Zionsberg! Ruft einen Fasttag aus, ordnet einen Bußgottesdienst an! Versammelt das Volk und sorgt dafür, dass es rein vor den HERRN tritt! Vom Säugling bis zum Greis sollen alle zusammenkommen. Selbst die Brautleute sollen aus der Hochzeitskammer kommen!

Die Priester, die Diener des HERRN, sollen auf dem Platz zwischen Tempel und Altar weinen und beten: »HERR, hab Erbarmen mit deinem Volk! Wir sind doch dein Eigentum! Tu uns nicht die Schande an, dass fremde Völker über uns herrschen. Lass nicht zu, dass Fremde über uns spotten und sagen: ›Wo ist nun ihr Gott?‹« Da erwacht im HERRN die brennende Liebe für sein Land und das Erbarmen mit seinem Volk. Er antwortet ihnen: »Verlasst euch darauf: Ich gebe euch so viel Korn, Wein und Öl, dass ihr euch daran satt essen könnt. Ihr werdet den Völkern nicht mehr zum Spott dienen.

Denn ich rette euch vor dem Feind aus dem Norden. Seine Vorhut treibe ich ins Tote Meer und seine Nachhut ins Mittelmeer; sein ganzes übriges Heer jage ich in die Wüste, wo es vernichtet wird. Die Leichen werden die Luft mit ihrem Gestank erfüllen. So bestrafe ich ihn für seine Prahlerei.« Ihr Felder, habt keine Angst mehr, freut euch und jubelt! Der HERR hat Großes getan. Ihr Tiere auf freiem Feld, habt keine Angst mehr! Die Weiden in der Steppe sind wieder grün. Auch die Bäume tragen wieder Frucht; Feigenbaum und Weinstock bringen reichen Ertrag. Ihr Bewohner des Zionsberges, freut euch und jubelt über den HERRN, euren Gott! Er erweist euch seine Güte und schickt euch Regen wie zuvor, Frühregen im Herbst und Spätregen im Frühjahr. Auf den Dreschplätzen häuft sich das Getreide und in der Kelter laufen die Wannen über von Most und Öl.

Der HERR sagt: »Ich habe mein großes Heer gegen euch geschickt. Aber jetzt ersetze ich euch die Ernten, die die Heuschreckenschwärme vernichtet haben. Ihr werdet euch richtig satt essen können. Dann werdet ihr mich, euren Gott, preisen, weil ich solche Wunder für euch getan habe. Nie mehr werden die anderen Völker über mein Volk spotten. Daran werdet ihr Leute von Israel erkennen, dass ich, **115** der HERR, in eurer Mitte bin, dass ich euer Gott bin und sonst keiner. Nie mehr überlasse ich mein Volk der Schande.«

Unkrautbekämpfung
Das Gleichnis vom Unkraut im Weizen

»Unkraut gibt es nicht«, sagen ökologisch argumentierende Menschen. »Jede Pflanze hat ihre Lebensberechtigung und ihre Qualitäten. Schließlich lassen sich aus Brennnesseln, Giersch und Gänseblümchen gesunde Salate herstellen. Hübsch blühen tun sie auch. Es ist eine Anmaßung des Menschen, Pflanzen in gute und schlechte, nützliche und nutzlose Lebewesen einteilen zu wollen.«
Immer wieder einmal gibt es erbitterten Streit zwischen Nachbarn. Die einen halten ihren Rasen sauber von artfremden Pflanzen, die andern freuen sich an den Pusteblumen und schauen ungerührt zu, wie die Löwenzahnsaat vom Wind in den Garten nebenan getrieben wird. »Das Unkraut muss im Keim erstickt werden«, sagen kundige Gartenbesitzer. »Man soll es ausreißen, bevor es richtig aufgewachsen ist.« Wer jedoch zu früh Unkraut hackt, kann erleben, dass er damit auch die zarten Pflänzchen zerstört, die er eigentlich schützen wollte. Die feinen Wurzeln sind noch so lose mit dem Erdreich verbunden und zudem oftmals mit denen des Unkrauts verflochten,

dass er beides auf einmal ausreißen würde, die Nutzpflanzen und das Unkraut.

Auf diese Erfahrungen kommt Jesus in seinem Gleichnis
vom »Unkraut im Weizen« zu sprechen. Im ganzen Vorderen Orient wächst seit vielen tausend Jahren ein circa
siebzig Zentimeter hohes Gras mit Namen »Taumellolch«. Sein Wuchs und seine Körner sind in Größe und
Form denen des Weizens sehr ähnlich und deshalb in der
Wachstumszeit schwer vom Getreide zu unterscheiden.
Die Durchmischung der Getreidefelder mit Taumellolch
war zu Jesu Zeit weit verbreitet und ein großes Problem
für die Bauern, zumal die Lolchkörner oft von einem gifti-
gen Pilz befallen sind und zu Mehl vermahlen große Ge-
sundheitsschäden hervorrufen können. Der Taumellolch
galt deshalb in der Antike als »verhexter Weizen«. Im
Gleichnis ordnet der Bauer an, dass das Unkraut im Wei-
zenfeld zunächst stehen bleiben soll, damit seine Arbeiter
nicht aus Versehen die Weizenpflanzen mit dem Unkraut
vernichten. Erst bei der Ernte soll der Lolch ausgerissen
und verbrannt und anschließend das Getreide geschnit-
ten werden.

Jesus verwendet das Gleichnis vom Unkraut im Weizen
als ein Bild für das Reich Gottes. Für Jesu Freunde stellt
sich nämlich immer wieder die Frage: Sollen sie Menschen, die ihre Gemeinschaft ausnutzen, ohne wirklich
Christen sein zu wollen, aus der Gemeinde ausschließen?
Sollen sie die Verurteilung der »Ungerechten« übernehmen und versuchen, ihre Gemeinde »sauber zu halten«? **117**

Jesu Gleichnis empfiehlt einen anderen Weg. (Matthäus 13,24-30)

Dann erzählte Jesus der Volksmenge ein anderes Gleichnis:
»Mit der neuen Welt Gottes ist es wie mit dem Mann, der guten Samen auf seinen Acker gesät hatte: Eines Nachts, als alles schlief, kam sein Feind, säte Unkraut zwischen den Weizen und verschwand. Als nun der Weizen wuchs und Ähren ansetzte, schoss auch das Unkraut auf. Da kamen die Arbeiter zum Gutsherrn und fragten: ›Herr, du hast doch guten Samen auf deinen Acker gesät, woher kommt das ganze Unkraut?‹ Der Gutsherr antwortete ihnen: ›Das hat einer getan, der mir schaden will.‹ Die Arbeiter fragten: ›Sollen wir hingehen und das Unkraut ausreißen?‹ ›Nein‹, sagte der Gutsherr, wenn ihr es ausreißt, könntet ihr zugleich den Weizen mit ausreißen. Lasst beides wachsen bis zur Ernte! Wenn es so weit ist, will ich den Erntearbeitern sagen: Sammelt zuerst das Unkraut ein und bündelt es, damit es verbrannt wird. Aber den Weizen schafft in meine Scheune.‹«

Zweige aufpfropfen
Judenchristen und Heidenchristen mit gleichem Stammbaum

In der Kultivierung und Veredelung von Obstbäumen ist das Aufpfropfen eines Zweiges einer besonders gefragten Sorte auf die Zweige eines weniger edlen Baumes eine gängige Methode. Wird das Pfropfen fachmännisch durchgeführt, verwachsen alte und neue Sorte dauerhaft miteinander. Die Gärtner erreichen damit, dass der bereits vorhandene, fest eingewurzelte Stamm des einfachen Obstbaums in Zukunft die edlen Früchte der gefragten Sorte trägt. Diese Art der Pflanzenveredelung war bereits in biblischer Zeit bekannt. Zum Beispiel wurden Weinstöcke und wild wachsende Ölbäume auf diese Weise kultiviert. Der Ölbaum wurde so zum verbreitetsten Kulturbaum in Israel. Bescheiden in seinen Ansprüchen, bildete er ausgedehnte Olivenhaine sowohl an den Berghängen als auch in der Küstenebene.

In der Bibel wird das Volk Israel mit einem fruchtbaren, immergrünen Olivenbaum verglichen. Der Apostel Paulus erklärt, dass bei der Entstehung des Christentums neue Zweige, nämlich Menschen aus heidnischen Völkern, auf den Stamm des alten Ölbaums Israel aufgepfropft wurden. Diesen Prozess ihrer Aufpfropfung sollen sich die Christen bewusst machen. Denn ohne die Verwurzelung im jüdischen Glauben bleibt ihr christlicher Glaube fruchtlos. Die Christen, die ohne Bindung an jüdische Lebensformen und Gesetze zum Glauben an Gott kamen, sind nach Paulus wie wilde Ölbäume, die – ganz gegen die gängige Praxis eines vernünftigen Gärtners – von Gott auf einen schon kultivierten Baum aufgepfropft wurden, um Anteil zu haben an seinen guten Säften. Der Vorgang des Aufpfropfens wird gleichsam umgekehrt. So bleiben Juden und Christen untrennbar miteinander verbunden. (Römer 11,16-20.24)

Wenn das erste Brot von der neuen Ernte Gott geweiht worden ist, gilt alles Brot von dieser Ernte als geweiht. Wenn die Wurzeln des Baumes Gott geweiht sind, sind es auch die Zweige. Nun sind einige Zweige an dem edlen Ölbaum ausgebrochen worden, und unter die übrigen wurdet ihr als neue Zweige eingepfropft. Obwohl ihr von einem wilden Ölbaum stammt, habt ihr jetzt Anteil an den guten Säften des edlen Ölbaums. Darum überhebt euch nicht über die Zweige, die ausgebrochen wurden. Ihr habt keinen Grund, euch etwas einzubilden! Nicht ihr tragt die Wurzel, sondern die Wurzel trägt euch.
Ihr werdet vielleicht sagen: »Die Zweige sind ausgebrochen worden, um uns Platz zu machen!« Gewiss, aber sie wurden ausgebrochen, weil sie nicht glaubten. Und ihr gehört nur dazu, weil ihr glaubt – und wenn ihr im Glauben beharrt. Seid also nicht überheblich, sondern bedenkt, mit wem ihr es zu tun habt! Er hat euch als Zweige eines wilden Ölbaums ganz gegen die natürliche Ordnung in den edlen **120** Ölbaum eingepfropft. Dann kann er erst recht die Juden

als die natürlichen Zweige wieder in ihren eigenen Baum einpfropfen.

Bewässerung
Gott schickt Regen zur rechten Zeit

Wer einen schönen und fruchtbaren Garten haben möchte, muss sich um seine Bewässerung kümmern. In unseren Breiten lassen sich Trockenzeiten relativ einfach ausgleichen: Mit Gießkannen, Gartenschläuchen und ausgeklügelten Bewässerungssystemen können wir zur Not unser Leitungswasser auf dem Land verteilen. Wir merken diese künstliche Bewässerung unserer Gärten dann zwar an unserer Wasserrechnung, und natürlich kostet sie auch Mühe und Zeit. Dieser Aufwand aber lässt sich kaum vergleichen mit der Sorge, die die Menschen des Vorderen Orients in biblischer Zeit hatten, wenn der Regen ausblieb oder ihr Garten in einer ohnehin heißen und trockenen Klimazone lag. Ihre ganze Existenz war von den Niederschlägen abhängig.

Wer in Israel im subtropischen, extrem trockenen Klima des Südens überleben muss, hat es bis heute ungleich schwerer als der, dessen Gärten und Felder im warmen, halbfeuchten Norden des Landes liegen. Die Regenfälle beschränken sich zwar auch dort meistens auf das Winterhalbjahr. Aber es kann doch relativ verlässlich ab Mitte September mit ersten Gewitterschauern, dem so genannten »Frühregen«, gerechnet werden. Mitte Oktober beginnen dann ergiebige Regenfälle. Letzte leichte Niederschläge erfolgen im April, »Spätregen« genannt. Für das Keimen und Ausreifen des Wintergetreides und des Gemüses sind Früh- und Spätregen von allergrößter Bedeutung.

Wie die Menschen in biblischer Zeit die Regenfälle erlebten, hing mit ihrem Weltbild zusammen: Die gesamte Schöpfung wurde als dreistöckiges Gebäude vorgestellt. Oben wölbte sich der Himmel als feste Halbkugel über der Erde. Über dem Himmelsgewölbe schien es einen unsichtbaren Ozean zu geben, dessen Wasser die Erde befeuchtete, sobald Gott die Himmelsschleusen öffnete. Gott, der auf einem Thron über dem Himmelsozean sitzend vorgestellt wurde, steuerte die Öffnung der Schleusenklappen am Gewölbe und war so der Spender allen Regens. Die Erde wurde als Scheibe gedacht, die vom Wasser der Ozeane umgeben war. Diese Ozeane hatten Verbindung zu einem Urmeer unter der Erde, aus dem Quellen, Flüsse und Seen gespeist wurden. Das »Gelobte Land« war für das Volk Israel in alttestamentlicher Zeit dort, wo Gott in verlässlicher Regelmäßigkeit für die Bewässerung der Gärten und Äcker sorgte.

Das Volk Israel erlebte seine Wanderung mit Mose von Ägypten durch die Wüste in Richtung Norden hauptsächlich als eine von Gott versprochene wunderbare Verbesserung der Bewässerungssituation. Das Land, in das die Menschen einwanderten, zeichnete sich dadurch aus, dass Gott hier zuverlässig die Himmelsschleusen öffnete und den Menschen die mühselige Bewässerung ihrer Pflanzen abnahm. Die Liebe zu Gott und ein Leben nach seinen Geboten war nicht nur eine Folge ihrer Dankbarkeit, sondern sollte mithelfen, Gottes regelmäßige Wasserspenden zu erhalten. (5 Mose/Deuteronomium 11,1-15)

L iebt den HERRN, euren Gott, und befolgt stets seine Weisungen, seine Anordnungen, Gebote und Rechtsbestimmungen! Denkt daran, wie der HERR euch durch seine mächtigen Taten eine Lehre erteilt und euch den rechten Weg gewiesen hat. Eure Kinder haben das nicht erlebt; aber ihr habt es gesehen und wisst, wie er euch mit starker Hand und ausgestrecktem Arm aus Ägypten herausgeführt hat. Ihr habt erlebt, wie er in Ägypten über den Pharao und sein ganzes Land die schlimmsten Plagen hereinbrechen ließ und wie er das Heer der Ägypter, die euch nachjagten, vernichtet hat. Mit ihren Pferden und Streitwagen versanken sie in den Fluten des Schilfmeers und ihre Macht ist gebrochen bis zum heutigen Tag.

Ihr habt erlebt, wie er auf dem Weg durch die Wüste für euch gesorgt und euch wohlbehalten bis hierher gebracht hat; aber ihr habt auch gesehen, wie er Datan und Abiram, die sich gegen ihn auflehnten, bestraft hat, wie die Erde sich spaltete und sie mit ihren Zelten und Familien und allen, die zu ihnen gehörten, lebendig verschlang.

Ihr habt mit eigenen Augen alle diese großen Taten gesehen, die der HERR vollbracht hat. Darum befolgt sorgfältig **123** alle seine Weisungen, die ich euch heute verkünde! Dann wird er euch die Kraft geben, das Land zu erobern, das ihr jetzt in Besitz nehmen wollt, und ihr werdet lange in dem Land leben, das der HERR euren Vorfahren und euch versprochen hat, diesem Land, das von Milch und Honig überfließt.

Hier müsst ihr euch nicht so plagen wie in Ägypten, woher ihr gekommen seid. Wenn ihr dort euer Getreide ausgesät hattet, musstet ihr die Äcker mühsam bewässern, wie man es sonst nur bei Gemüsegärten macht. In dem Land, in das ihr jetzt kommt, gibt es Berge und Täler und es wird vom Regen bewässert. Der HERR, euer Gott, kümmert sich selbst um das Gedeihen und blickt das ganze Jahr über, vom Anfang bis zum Ende, freundlich auf das Land. Wenn ihr wirklich die Weisungen des HERRN, die ich euch heute verkünde, befolgt und ihn, euren Gott, mit ganzem Herzen und mit allen Kräften liebt und ehrt, wird er euren Feldern zur rechten Zeit Regen schicken, im Herbst und im Frühjahr. Ihr werdet Korn, Wein und Öl ernten können und euer Vieh wird Gras zum Weiden finden. Ihr werdet immer genug zu essen haben.

Ernte und Vorratswirtschaft
Das Gleichnis vom reichen Kornbauern

Seit Menschen Landwirtschaft betreiben, ist die Aufbewahrung der Ernteerzeugnisse ein besonderes Problem.

Gemüsegärtner und Bauern brauchen ein spezielles Wissen über geeignete Lagerhaltung. Denn es gilt, genug gesunde Nahrung bis zur nächsten Ernte und ausreichend Saat- und Pflanzgut für die neue Wachstumsperiode bereitzuhalten.

In vielen reichen Ländern der Erde aber wird heute regelmäßig mehr geerntet, als die Menschen und die Wirtschaft des Landes sinnvoll verbrauchen können. Darum gibt es dort riesige Speicher, Silos und Kühlhäuser, in denen die verschiedenen landwirtschaftlichen Produkte über Jahre aufbewahrt werden. Die sachgemäße Lagerung der »Getreide-, Butter- und Fleischberge« verursacht viel Kopfzerbrechen und hohe Kosten. Der Überschuss an Nahrungsmitteln wird zu einer Belastung der Volkswirtschaft. Einfach denkende Menschen fragen, wieso dieser übermäßige Vorrat nicht geteilt werden kann mit den vielen Menschen dieser Erde, die täglich an Unterernährung leiden. Wirtschaftsexperten versuchen solche Fragen zu entkräften, indem sie erklären, warum diese Lagerung und manchmal sogar die Vernichtung von überschüssigen Lebensmitteln auf jeden Fall »wirtschaftlicher« sei als ihre preisgünstige Weitergabe an andere Länder ...

Auch in biblischer Zeit gab es Großgrundbesitzer, die dann und wann eine so reiche Ernte einfuhren, dass sie extra große Lagerkapazitäten schaffen mussten. Jesus erzählt in einem Gleichnis von einem Bauern, der riesige Scheunen baut für den großen Überschuss an Korn, den er erwirtschaftet hat. Aber als er sich dann selbstzufrieden zur Ruhe setzen will, ist sein Leben jäh zu Ende. Sein großer materieller Reichtum nützt ihm nichts mehr, denn »das letzte Hemd hat keine Taschen«. Außerdem ist er »arm bei Gott und den Menschen«, denn er hat in seinen guten Tagen weder an die Begrenztheit seines eigenen Lebens noch an die Bedürftigkeit seiner Mitmenschen gedacht. Seine gesamte Energie war absorbiert von der Sorge um seinen Reichtum. (Lukas 12,16-21)

Jesus erzählte ihnen eine Geschichte: »Ein reicher Grundbesitzer hatte eine besonders gute Ernte gehabt. ›Was soll ich jetzt tun?‹, überlegte er. ›Ich weiß gar nicht, wo ich das alles unterbringen soll! Ich hab's‹, sagte er, ›ich reiße meine Scheunen ab und baue größere! Dann kann ich das ganze Getreide und alle meine Vorräte dort unterbringen und kann zu mir selbst sagen: Gut gemacht! Jetzt bist du auf viele Jahre versorgt. Gönne dir Ruhe, iss und trink nach Herzenslust und genieße das Leben!‹ Aber Gott sagte zu ihm: ›Du Narr, noch in dieser Nacht werde ich dein Leben von dir zurückfordern! Wem gehört dann dein Besitz?‹« Und Jesus schloss: »So steht es mit allen, die für sich selber Besitz aufhäufen, aber bei Gott nichts besitzen.«

Nur nicht nachlassen!
Das Feld des Faulpelzes wird von Unkraut überwuchert

Wer einen Garten hat, kann eigentlich keine Ferien machen, jedenfalls nicht in der Vegetationsperiode und für längere Zeit. Denn während wir ausruhen, wachsen die Pflanzen in unserem Garten munter weiter, die wilden ebenso wie die mühsam von uns gezogenen. Sowohl Wind und Wetter als auch Schädlinge, die unseren Garten ungehindert in Besitz nehmen können, hinterlassen ihre Spuren.

Mit dem Garten ist es wie mit einem Haustier, das nicht mit uns in den Urlaub fahren kann: Wir müssen jemanden finden, der auf ihn aufpasst, die Blumen gießt, Unkraut jätet, Schädlinge bekämpft. Sonst erleben wir bei unserer Heimkehr eine böse Überraschung ... Dann und wann gibt es zwar Ruhe *im* Garten, aber es gibt keine Ruhe *vom* Garten. Darum empfiehlt die Bibel den Gartenbesitzern, sich ein Beispiel zu nehmen an den Ameisen, die ohne besondere Anweisung und Druck tun, was das Leben von ihnen verlangt: Fleißig eilen sie hin und her und sorgen für die Ordnung ihres Baus und ihr Überleben in Gegenwart und Zukunft. Faulheit liegt ihnen fern, Urlaub kennen sie nicht.

Wer keine Lust hat, sich das ganze Jahr über wie eine fleißige Ameise im Garten zu bewegen, der riskiert nicht nur die schadenfrohen Blicke seiner Nachbarn, sondern ern-

tet Dornen und Disteln, Brennnesseln und Giersch.
(Sprichwörter 6,6-11; 24,30-34)

Sieh dir die Ameise an, du Faulpelz! Nimm dir ein Beispiel an ihr, damit du weise wirst! Sie hat keinen Aufseher und keinen Antreiber. Und doch sorgt sie im Sommer für ihre Nahrung und sammelt zur Erntezeit ihre Vorräte. Wie lange willst du noch liegen bleiben, du Faulpelz? Wann geruhst du endlich aufzustehen? »Nur ein kurzes Nickerchen«, sagst du, »nur einen Moment die Augen zumachen und die Hände in den Schoß legen.« Und während du das tust, kommt die Armut zu dir wie ein Landstreicher und die Not überfällt dich wie ein Einbrecher.

Am Feld eines Faulpelzes ging ich vorüber,
am Weinberg des Mannes ohne Verstand.
Dort wuchsen statt Reben nur Dornen und Disteln,
wild wucherndes Unkraut bedeckte das Land,
die Mauer ringsum war schon völlig zerfallen.
Ich sah es und zog meine Lehre daraus:
»Etwas schlummern und schlafen, die Arme verschränken,
und schnell kommen Armut und Not dir ins Haus.«

Im Lustgarten

An schönen Tagen das enge Wohnzimmer verlassen zu können und mit Familie und Freunden im Garten zu sitzen, unter freiem Himmel zu essen, zu spielen und zu feiern – wenn möglich, bis tief in die Nacht –, das ist ein besonderer Genuss in der warmen Jahreszeit. Sobald die Abende lauer werden, zieht der Geruch von Grillfleisch durch die Gärten und zeugt allerorten von der großen Beliebtheit der Gartenpartys. Eine stetig wachsende Gartenbranche hat sich inzwischen ganz auf die Ausstattung und Verschönerung unserer Gärten als Gesellschaftsräume eingestellt. Unzählige Gartencenter, Baumärkte, Gartenmessen und -ausstellungen zeigen den hohen Stellenwert der »Gartenkultur« in unserer Gesellschaft. Sie verlocken dazu, den eigenen Garten zu einem der Wohnung mindestens ebenbürtigen Lebensraum zu machen. Gärten werden zu Lustgärten.

Einige Geschichten der Bibel erzählen uns davon, wie schon in den Gärten des alten Israels getafelt und gefeiert, gebadet und Freundschaft gepflegt wurde. Sicher haben die klimatischen Bedingungen im Vorderen Orient dazu beigetragen, dass sich das gesellige Leben der Menschen meistens unter freiem Himmel abspielte.

129

Geselligkeit und Feste
Prunkvolle Feier im Schlosspark des Perserkönigs

Sie sind ein häufiges Motiv in Filmen über das Leben der Mächtigen und Reichen: die großartigen Gartenfeste zwischen Marmorsäulen, Springbrunnen, kostbaren Gartenmöbeln und opulenten Buffets, auf denen hochgestellte, edel gekleidete Persönlichkeiten mit einem Glas in der Hand umhergehen, Smalltalk pflegen und die Möglichkeiten zur so genannten »kleinen Politik« ausnutzen. Auch aus dem realen Leben der Regierenden hören wir von solchen Parkfesten, zu denen Diplomaten und wichtige Geschäftsleute, manchmal allerdings auch verdiente einfache Bürgerinnen und Bürger eingeladen werden. Viele Menschen finden Platz in dem großzügigen Parkgelände des Regierungspalastes und fühlen sich durch die Einladung des einflussreichen Politikers geehrt.

In der alttestamentlichen Novelle »Ester« wird von der großen, sieben Tage andauernden Gartenparty des Perserkönigs Xerxes I. erzählt, die er für die in und um seine Festung Susa wohnenden Untertanen gab. Xerxes I. regierte im 5. Jahrhundert v. Chr. und musste zu Beginn seiner Herrschaft eine Reihe von Aufständen in seinem Vielvölkerstaat niederwerfen. Als er nach drei Jahren seinen Herrschaftsanspruch gefestigt sah, lud er alle wichtigen Fürsten, Regierungsbeamten und Heerführer seiner Länder in seine Winterresidenz ein. Er stellte sechs Monate lang seinen Reichtum und seine Macht vor ihnen zur

Schau. Anschließend veranstaltete er in seinem Park ein Fest für die einfachen Bewohner Susas. Wir lesen von der Pracht dieser Gartenparty in aller Ausführlichkeit. Die Untertanen des Perserkönigs waren gewiss ebenso beeindruckt wie die Menschen, die heute eine Einladung in den Park eines Präsidenten erhalten. (Ester 1,1-8)

Es war in der Zeit, als König Xerxes über das Perserreich herrschte, ein Reich aus 127 Provinzen, das von Indien bis Äthiopien reichte; sein Königsthron stand in der Stadt Susa. In seinem dritten Regierungsjahr gab er ein Fest für alle führenden Männer des gesamten Reiches. Die hochrangigen Offiziere aus Persien und Medien, der hohe Adel und die Statthalter aller Provinzen nahmen daran teil. Volle sechs Monate stellte der König seine Macht und seinen unermesslichen Reichtum vor ihnen zur Schau. Anschließend veranstaltete der König ein Fest für alle Bewohner des Palastbezirks, vom vornehmsten bis zum geringsten. Sieben Tage lang wurde im Schlosspark gefeiert.

Zwischen Alabastersäulen waren weiße und blaue Vorhänge aus kostbaren Stoffen aufgehängt, befestigt mit weißen und purpurroten Schnüren und silbernen Ringen. Polsterbetten mit goldenen und silbernen Füßen standen auf dem kostbaren Fußboden aus verschiedenfarbigen Steinplatten. Getrunken wurde aus goldenen Bechern, von denen keiner dem andern glich; Wein gab es in Fülle aus den königlichen Kellern. Alle konnten trinken, so viel sie wollten; aber niemand wurde dazu gezwungen. Der König hatte die Diener angewiesen, sich ganz nach den Wünschen der Gäste zu richten.

Erntedankfest unter Laubhütten
Das Volk feiert das Ende von Weinlese und Feldernte

Eines der in unserer Zeit noch besonders gut verständlichen und an Bedeutung zunehmenden Feste des Kirchenjahres ist das Erntedankfest. Die unmittelbare Sinnenfreude, die der mit reichen Erntegaben geschmückte Kirchenraum auslöst, die fröhlichen Danklieder, die Erinnerung an unsere Einbindung in die Rhythmen von Natur und Jahreszeiten – all das stößt, gerade angesichts der gefährdeten Schöpfung und des Lebens in naturfernen Städten, auf eine große Offenheit bei Jung und Alt. In den Einkaufsstraßen sieht man geschmückte Erntedanktische und Schaufenster. Kindergärten und Schulen schenken diesem Fest ebenso Beachtung wie Betriebe und Senioreneinrichtungen.

Auch bei Menschen jüdischen Glaubens zählt das Erntedankfest im Herbst zu einem der drei Hauptfeste des Jahres. Die drei wichtigsten Feste des Judentums stehen alle auch in Verbindung mit der Pflanzenwelt und orientieren sich an bestimmten Ereignissen des landwirtschaftlichen Lebens: Das Passahfest liegt im Frühling, wenn die Gerste zu reifen beginnt und die ersten Garben als Opfer darge-

132

bracht werden sollen. Das Pfingstfest wird zur Zeit der Weizenernte gefeiert. Das Laubhüttenfest am Ende der Weinlese und Feldernte gehört seit der Einwanderung des Volkes Israel in das Land Kanaan in den Festkreis der Juden. Es entspricht unserem Erntedankfest und beginnt ursprünglich mit einer Wallfahrt nach Jerusalem. Das sieben Tage dauernde Wohnen in Laubhütten, die aus Zweigen von mindestens vier verschiedenen Bäumen überall auf den Straßen und Plätzen aufgebaut werden, rührt aus der Zeit der Weinernte, in der man Tag und Nacht in den Weinbergen zubrachte. Die Laubhütten sollen an das Wohnen des Volkes Israel in Zelten während der Wüstenwanderung erinnern. (Nehemia 8,13-18)

Am zweiten Tag kamen die Sippenoberhäupter des ganzen Volkes mit den Priestern und den Leviten zu Esra, dem Lehrer, um die Worte des Gesetzes noch genauer zu studieren. Da fanden sie im Gesetz, was Mose auf Befehl des HERRN geschrieben hatte: »Die Israeliten sollen während des Festes im siebten Monat in Laubhütten wohnen und sie sollen in Jerusalem und in allen ihren Städten ausrufen und bekannt machen: ›Geht auf die umliegenden Berge und holt frische Zweige von edlen und wilden Ölbäumen, Myrten, Dattelpalmen und anderen dicht belaubten Bäumen, damit wir Laubhütten bauen können, wie das Gesetz es vorschreibt!‹«

Da ging das Volk hinaus, holte Zweige und baute sich Laubhütten, die einen auf den flachen Dächern ihrer Häuser, **133** andere in ihren Höfen, in den Vorhöfen des Tempels und auf den freien Plätzen am Wassertor und am Efraïmtor. Die ganze Gemeinde der Heimkehrer baute Laubhütten und wohnte in ihnen. Das hatten die Israeliten seit der Zeit Josuas, des Sohnes Nuns, bis zu diesem Tag nicht mehr getan. Alle waren glücklich und voller Freude.

Täglich, vom ersten bis zum letzten Festtag, las Esra laut aus dem Gesetzbuch Gottes vor. Sieben Tage wurde das Fest gefeiert. Am achten Tag fand die im Gesetz vorgeschriebene Festversammlung statt.

Das Bad im Garten
Susanna kommt in Bedrängnis

Wer es sich erlauben kann und einen so großen Garten hat, dass er darin einen eigenen Swimmingpool bauen lassen kann, wird von vielen beneidet. Es muss herrlich sein, zu jeder Zeit und ganz ungestört ins eigene Schwimmbad springen zu können, z.B. ganz schnell einmal morgens vor dem Frühstück oder zur Abkühlung in sommerlicher Mittagshitze oder gar spät in der Nacht bei Mondschein. Unwillkürlich stellen wir uns schöne und wohlhabende Menschen vor, die sich in diesem Ambiente bewegen.

Eine Legende aus dem 1. Jahrhundert v.Chr. erzählt von dem angesehenen jüdischen Ehepaar Jojakim und Susanna, die in Babylon in einer luxuriösen Villa leben. Ihr

Haus ist Treffpunkt der bedeutenden Männer der Stadt. Zu ihrem Haus gehört ein wunderschöner Garten mit Swimmingpool. Regelmäßig um die Mittagszeit können die Männer im Haus beobachten, wie die schöne Frau des Hauses ihren Spaziergang im Garten macht. Zwei angesehene Richter, die in Jojakims und Susannas Haus verkehren, verlieben sich in Susannas Anblick und verabreden eines Tages, der Frau im Garten nachzustellen. Gerade will Susanna ein Bad nehmen ... Eine spannende Kriminalgeschichte entwickelt sich. Am Ende rehabilitiert der junge, gottesfürchtige Prophet Daniel die unschuldig in Verruf Geratene. Gott hilft Susanna aus äußerster Bedrängnis, während die Männer wegen ihrer feigen und verlogenen Zügellosigkeit zur Rechenschaft gezogen und bestraft werden. (Zusätze zum Buch Daniel B)

In Babylon lebte ein Jude mit Namen Jojakim, der hatte eine junge Frau, die Susanna hieß, eine Tochter Hilkijas. Susanna war sehr schön und hielt treu zum Herrn. Ihre Eltern waren fromme Juden und hatten ihre Tochter stets dazu angehalten, das Gesetz Moses genau zu befolgen. Jojakim war sehr reich und hatte einen großen Garten bei seinem Haus. Weil er der angesehenste unter den Juden der Stadt war, trafen sich in seinem Haus die Männer der jüdischen Gemeinde. Nun waren damals zwei Älteste aus dem Volk zu Richtern bestellt worden – Männer, denen es nur zum Schein um das Wohl des Volkes zu tun war. Auf sie bezog sich das Wort des Herrn: »Unrecht wird ausgehen von Babylon, von den Ältesten und Richtern.« Sie waren täglich im Haus Jojakims und jeder, der einen Rechtsfall hatte, suchte sie dort auf.

Um die Mittagszeit, wenn die Besucher weggegangen waren, machte Susanna regelmäßig einen Spaziergang im Garten ihres Mannes. Täglich sahen die beiden Ältesten sie dort umhergehen und sie wurden von Leidenschaft zu ihr ergriffen. Sie gerieten mit ihren Gedanken auf Abwege und richteten ihren Blick nicht mehr zum Himmel empor, damit sie nicht an Gottes gerechtes Gericht erinnert würden. Alle beide wurden von Sehnsucht nach ihr verzehrt; aber keiner ließ den anderen etwas merken. Sie schämten sich, einander zu bekennen, dass sie vom Verlangen nach ihr gepeinigt wurden. Täglich brannten sie darauf, sie zu sehen. Eines Mittags sagte der eine zum anderen: »Gehen wir nach Hause, es ist Essenszeit!« Sie verließen das Haus und trennten sich. Aber nachdem sie ein Stück weit gegangen waren, kehrten sie beide um und trafen vor dem Haus wieder zusammen. Sie fragten einander nach dem Grund und da gestand jeder dem anderen seine Leidenschaft. Sie beschlossen, gemeinsam vorzugehen, und verabredeten sich für einen Zeitpunkt, zu dem sie Susanna allein antreffen konnten.

Am verabredeten Tag legten sie sich auf die Lauer und sahen Susanna, wie es ihre Gewohnheit war, in Begleitung von nur zwei Mädchen den Garten betreten. Weil es heiß war, wollte sie dort ein Bad nehmen. Im Garten war sonst niemand außer den beiden Ältesten, die sich versteckt hielten und auf ihre Gelegenheit warteten. Susanna schickte die beiden Mädchen mit dem Auftrag weg: »Holt mir Öl und Salbe und schließt das Gartentor ab, damit ich ungestört baden kann!« Die Mädchen entfernten sich, schlossen das Tor und gingen durch die Seitentür zum Haus, um das Gewünschte zu holen. Von den Ältesten in ihrem Versteck hatten sie nichts bemerkt. Als die Mädchen fort waren, kamen die beiden Ältesten hervor, liefen zu Susanna und sagten: »Die Tore sind verschlossen, niemand sieht uns. Wir brennen in Liebe zu dir, sei uns zu Willen und gib dich uns hin! Wenn du dich sträubst, werden wir dich anklagen und sagen: ›Ein junger Mann war bei ihr, deshalb hat sie die Mädchen weggeschickt.‹« Susanna stöhnte verzweifelt auf und sagte: »Es gibt keinen Ausweg für mich! Wenn ich tue, was ihr verlangt, bin ich als Ehebrecherin dem Tod verfallen; und wenn ich mich weigere, bin ich in eurer Hand und muss genauso sterben. Aber ich will lieber durch euch den Tod erleiden als vor dem Herrn schuldig werden.«

Susanna begann laut zu rufen und gleichzeitig erhoben die beiden Ältesten ein Zetergeschrei gegen sie. Der eine lief zum Gartentor und öffnete es. Als die Diener im Haus das Geschrei hörten, eilten sie durch die Seitentür herbei, um zu sehen, was vorgefallen war. Die Ältesten brachten ihre Beschuldigung vor. Die Diener schämten sich für Susanna, denn sie war bisher völlig unbescholten gewesen. Als die jüdischen Männer am nächsten Tag wieder bei Jojakim zusammenkamen, waren auch die beiden Ältesten da. Ihr finsterer Entschluss stand fest: Sie wollten Susanna dem Tod ausliefern. Vor den versammelten Männern sagten sie: »Lasst Susanna holen, die Tochter Hilkijas und Frau Jojakims!«

Sie kam, begleitet von ihren Eltern und Kindern und allen ihren Angehörigen. Susanna hatte eine bezaubernde Gestalt. Sie trug jedoch einen Schleier. Die beiden Bösewichte gaben Befehl, ihr den Schleier abzunehmen; denn sie wollten sich an ihrer Schönheit weiden. Ihre Angehörigen begannen zu weinen und auch alle anderen, die es mit ansehen mussten, weinten. Nun standen die beiden Ältesten auf und legten die Hände auf Susannas Kopf. Sie aber blickte weinend zum Himmel auf, denn sie vertraute fest auf die Hilfe des Herrn. Die beiden sagten: »Als wir allein im Garten spazieren gingen, kam diese Frau mit zwei Dienerinnen herein, verschloss das Gartentor und schickte die Dienerinnen weg. Ein junger Mann, der sich dort versteckt gehalten hatte, kam hervor und legte sich zu ihr. Wir waren gerade in der hintersten Ecke des Gartens, als diese Schandtat geschah, und sofort liefen wir hin. Wir fanden die beiden eng umschlungen beieinander liegen. Den jungen Mann konnten wir nicht festhalten, denn er war stärker als wir; er öffnete das Gartentor und entkam. Aber diese da packten wir und fragten sie nach seinem Namen. Sie wollte ihn uns aber nicht verraten. Dies alles können wir bezeugen.«

Die versammelten Männer glaubten den beiden, da sie ja

Älteste des Volkes und Richter waren, und Susanna wurde

zum Tod verurteilt. Susanna aber rief laut: »Ewiger Gott, du siehst in das Verborgene; alles ist dir bekannt, noch bevor es geschieht! Du weißt, dass ich zu Unrecht beschuldigt werde. Ich muss sterben, obwohl ich nichts von dem getan habe, was die beiden böswillig gegen mich vorgebracht haben.« Der Herr hörte Susannas Hilferuf.

Als sie zur Hinrichtung abgeführt wurde, brachte der Geist Gottes einen noch ganz jungen Mann namens Daniel dazu, dass er laut protestierte. Er rief: »Ich will nichts damit zu tun haben, wenn diese Frau unschuldig getötet wird!« Alle wandten sich ihm zu und fragten: »Was hat das zu bedeuten? Was willst du damit sagen?« Daniel trat vor und sagte: »Habt ihr den Verstand verloren, Männer von Israel? Ohne Verhör und ohne Beweis verurteilt ihr eine israelitische Frau! Nehmt sofort die Gerichtsverhandlung wieder auf! Die beiden haben eine falsche Beschuldigung erhoben.«

Sofort kehrten sie alle um. Im Haus Jojakims sagten die Ältesten des Volkes zu Daniel: »Setz dich hierher zu uns und sag, was du weißt! Du bist noch so jung, aber Gott hat dir die Weisheit des Alters geschenkt!« Daniel sagte: »Trennt die beiden weit voneinander, damit sie sich nicht verständigen können! Ich will sie verhören.« Dann rief er den einen und sagte zu ihm: »Nicht in Ehren, sondern in Schande bist du grau geworden! Aber jetzt trifft dich die Strafe für alle Sünden, die du begangen hast. Als Richter hast du das Recht gebeugt: Unschuldige hast du verurteilt und Verbrecher hast du laufen lassen. Und der Herr hat **139** doch gesagt: ›Einen Unschuldigen sollst du nicht töten!‹ Nun, wenn du diese Frau beim Ehebruch ertappt hast, dann sag mir doch: Unter was für einem Baum lag sie mit dem fremden Mann?« »Unter einer Buche«, antwortete er. Daniel erwiderte: »Unter einer Buche? Dass Gott dich verfluche! Diese Lüge kostet dich Kopf und Kragen! Der Engel Gottes hat schon Befehl erhalten, dich in Stücke zu hauen.«

Daniel ließ ihn abführen und den anderen herbeibringen. Zu ihm sagte er: »Du Nachfahre von Kanaan und nicht von Juda! Frauenschönheit hat dich verführt, Liebestollheit hat dir den Verstand geraubt! Frauen aus dem Nordreich Israel könnt ihr so erpressen, sie werden euch aus lauter Angst zu Willen sein. Aber eine Frau aus Juda lässt sich das nicht gefallen. Sag mir doch: Unter was für einem Baum hast du sie mit dem fremden Mann ertappt?« »Unter einer Fichte«, antwortete er. Daniel erwiderte: »Unter einer Fichte? Dass Gott dich vernichte! Diese Lüge kostet dich den Hals. Der Engel Gottes wartet schon mit dem Schwert, um dich mittendurch zu spalten. Er wird mit euch beiden kurzen Prozess machen!« Da priesen alle Versammelten mit lauter Stimme Gott, der die Bedrängten rettet, die ihm vertrauen.

Darauf nahmen sie sich die beiden Ältesten vor, die Daniel durch ihre eigene Aussage überführt hatte. Weil sie sich als lügenhafte Ankläger erwiesen hatten, wurde über sie dieselbe Strafe verhängt, die sie der fälschlich angeklagten Susanna zugedacht hatten. Nach der entsprechenden Vorschrift im Gesetz Moses wurden sie beide hingerichtet.

So wurde die unschuldige Susanna an jenem Tag vom Tod gerettet. Ihr Vater Hilkija, ihre Mutter, ihr Mann Jojakim und alle ihre Angehörigen priesen Gott, weil Susanna von jedem Vorwurf reingewaschen worden war. Daniel aber war seit jenem Tag bei seinem Volk hoch angesehen und sein Ansehen wuchs auch weiterhin.

Liebe im Garten
Erotische Pflanzenlyrik aus Israel

Verliebte Menschen entwickeln manchmal eine ganz eigene Sprache, die in den Ohren ihrer nüchternen Mitmenschen eher befremdlich klingt. Sie sprechen einander zärtlich an mit Namen aus der Tier- und Pflanzenwelt: »mein Hase«, »meine Maus«, »meine Rose« ... Seit Menschengedenken schreiben Liebende füreinander bewegende Worte, Gedichte und Lieder, in denen sie versuchen, die Gefühle und Erfahrungen des Verliebtseins auszudrücken und die besonderen Eigenschaften des geliebten Menschen zu umschreiben. Eine direkte, sachbezogene Sprache scheint dabei unangebracht und plump. Durch Vergleiche und Umschreibungen lässt sich das Geheimnis der Liebe eher bewahren.

Die Bibel enthält wunderbare Liebeslyrik, die ihre Bilder aus der Welt des Gartens nimmt. Im Hohelied Salomos **141** sind altorientalische Liebeslieder gesammelt, in denen Mann und Frau miteinander Zwiesprache halten: Die Frau lädt den Mann ein, ihren Garten zu betreten, der auch als Bild für sie selbst steht. Der Mann möchte der Einladung folgen und die Reichtümer dieses Gartens entdecken. Beide sprechen voller Sehnsucht davon, zueinander zu kommen und die Schönheit des Gartens genießen zu können. (Hoheslied 4,16–5,1; 7,7-14)

Sie
Kommt doch, ihr Winde,
durchweht meinen Garten!
Nordwind und Südwind,
erweckt seine Düfte!
Komm, mein Geliebter,
betritt deinen Garten!
Komm doch und iss
seine köstlichen Früchte!

Er
Ich komm in den Garten,
zu dir, meine Braut!
Ich pflücke die Myrrhe,
die würzigen Kräuter.
Ich öffne die Wabe
und esse den Honig.
Ich trinke den Wein,
142   ich trinke die Milch.

Esst, Freunde, auch ihr,
und trinkt euren Wein;
berauscht euch an Liebe!

Du bist schön wie keine andere,
dich zu lieben macht mich glücklich!
Schlank wie eine Dattelpalme
ist dein Wuchs, und deine Brüste
gleichen ihren vollen Rispen.
Auf die Palme will ich steigen,
ihre süßen Früchte pflücken,
will mich freun an deinen Brüsten,
welche reifen Trauben gleichen.
Deinen Atem will ich trinken,
der wie frische Äpfel duftet,
mich an deinem Mund berauschen,
denn er schmeckt wie edler Wein …

SIE
… der durch deine Kehle gleitet,
dich im Schlaf noch murmeln lässt.
Nur ihm, meinem Liebsten, gehör ich
und mir gilt sein ganzes Verlangen!
Komm, lass uns hinausgehn, mein Liebster,
die Nacht zwischen Blumen verbringen!
Ganz früh stehn wir auf, gehn zum Weinberg
und sehn, ob die Weinstöcke treiben,
die Knospen der Reben sich öffnen

143

und auch die Granatbäume blühen.
Dort schenke ich dir meine Liebe!

Kannst du den Duft
der Liebesäpfel spüren?
Vor unserer Tür ist
köstlich süßes Obst,
die allerbesten Früchte,
alt und neu,
für dich, mein Liebster,
sind sie aufbewahrt!

Im Garten der Besinnung

»Wenn mir alles zu viel wird, meine Gedanken sich im Kreis drehen und ich mich nur noch gehetzt und belastet fühle, dann gehe ich in den Garten. Im Garten kann ich am besten zu mir selbst finden und mein Leben sortieren«, so oder ähnlich empfinden viele Menschen. Sie erleben den Garten als einen Ort der Erholung und Besinnung, einen Ort des Friedens und der Geborgenheit. Die Nähe zur Natur, ihrem Keimen, Wachsen, Blühen und Vergehen hilft ihnen, wieder Kontakt zu den eigenen Wurzeln aufzunehmen, die Dinge des Lebens zurechtzurücken und das Wesentliche vom Unwesentlichen zu unterscheiden. Sich allein in einem Garten zu beschäftigen, die Erde unter den Händen zu spüren und an einem abgeschirmten stillen Platz draußen den eigenen Gedanken nachzuhängen, das sammelt die zerstreuten Kräfte. Der Garten mit seiner Ruhe, seinem Licht, seinen natürlichen Farben und den Möglichkeiten der Bewegung unter freiem Himmel schenkt wohltuende Gegenerfahrungen zu Lärm und Hektik, Enge, Schmutz und den grellen Farben des Alltags. Der Garten hilft, die Entfremdung zu sich selbst und zu Gott zu überwinden. In der Betrachtung der Schöpfung begegnen viele Menschen ihrem Schöpfer und freuen sich an ihm. Sie suchen den Garten als einen natürlichen Ort der Meditation und des Gebets, der schöpferischen Pause – im besten Sinn des Wortes.

Endlich Ruhe! Gebet und Meditation im Garten
Jesus im Garten Getsemani

Von Jesus wissen wir, dass er sich immer wieder aus dem Trubel, der seine Person umgab, in die Einsamkeit der Natur zurückzog. Er wanderte in die Wüste, ruderte weit hinaus auf den See Gennesaret, stieg allein auf Berge und suchte Gärten auf, um zu beten. Die Klarheit über seinen Auftrag, die Kraft seiner Worte und die Liebe zu den vielen Hilfe suchenden Menschen schöpfte er wohl auch aus dieser einsamen Zwiesprache mit Gott.

In der lebensbedrohlichen Lage vor seiner Verhaftung zieht es Jesus in einen Garten, der ihm von früheren Aufenthalten her vertraut ist. Er verbringt seine letzte Nacht in Freiheit zwischen den Ölbäumen Getsemanis. Jesus kann die Nähe dieser knorrigen Wächtergestalten gut brauchen. Die starken immergrünen Olivenbäume ziehen selbst aus karger steiniger Erde alle Nährstoffe für ihre schwarzen Früchte, um sie schließlich der Ölpresse zu opfern. In Israel gelten sie als die Bäume des Lebens und der Hoffnung.

Nun sind die Ölbäume die einzigen wachen Gefährten Jesu, als er mit seinem bitteren Schicksal ringt. Den Tod vor Augen kommt Jesus im Garten Getsemani in seine schwerste Krise. Aber er hält stand. Er stellt sich der Angst, der Einsamkeit und den Schmerzen. Um der Liebe willen findet er durch die eigene Verzweiflung zur Annahme seines Leidensweges. Sein menschlicher Mut und die göttliche Liebe wachsen in diesem Garten über den Tod hinaus. (Matthäus 26,36-46)

Dann kam Jesus mit seinen Jüngern zu einem Grundstück, das Getsemani hieß. Er sagte zu ihnen: »Setzt euch hier! Ich gehe dort hinüber, um zu beten.« Petrus und die beiden Söhne von Zebedäus nahm er mit. Angst und tiefe Traurigkeit befielen ihn, und er sagte zu ihnen: »Ich bin so bedrückt, ich bin mit meiner Kraft am Ende. Bleibt hier und wacht mit mir!« Dann ging er noch ein paar Schritte weiter, warf sich nieder, das Gesicht zur Erde, und betete: »Mein Vater, wenn es möglich ist, erspare es mir, diesen Kelch trinken zu müssen! Aber es soll geschehen, was *du* willst, nicht was ich will.«

Dann kehrte er zu den Jüngern zurück und sah, dass sie eingeschlafen waren. Da sagte er zu Petrus: »Konntet ihr nicht eine einzige Stunde mit mir wach bleiben? Bleibt wach und betet, damit ihr in der kommenden Prüfung nicht versagt. Der Geist in euch ist willig, aber eure menschliche Natur ist schwach.« Noch einmal ging Jesus weg und betete: »Mein Vater, wenn es nicht anders sein kann und ich diesen Kelch trinken muss, dann geschehe dein Wille!« Als er zurückkam, schliefen sie wieder; die Augen waren ihnen zugefallen.

147

Zum dritten Mal ging Jesus ein Stück weit weg und betete noch einmal mit den gleichen Worten. Als er dann zu den Jüngern zurückkam, sagte er: »Schlaft ihr denn immer noch und ruht euch aus? Die Stunde ist da; jetzt wird der Menschensohn an die Menschen, die Sünder, ausgeliefert. Steht auf, wir wollen gehen. Er ist schon da, der mich verrät!«

Begräbnis und Totengedenken
Maria Magdalena begegnet dem Gärtner
ihrer Seele

Es gibt Friedhöfe, die machen ihrem Namen Ehre: Sie sind Orte des Friedens – nicht nur für die Toten, die in ihrer Erde ruhen, sondern besonders auch für die Lebenden, die in diesen großen, oftmals schön gestalteten Parkanlagen Raum finden für ihre Trauer, ihre Erinnerung, ihre Hoffnung. Die großen alten Bäume, das Vogelgezwitscher, die stillen Wege, die weiten Rasenflächen, die liebevoll gepflegten Blumenbeete, die Brunnen und Bänke können ein guter Ort sein für von Abschiedsschmerz verletzte Menschen. Das Werden und Vergehen der Pflanzen wird an diesem Ort zu einem besonders sprechenden Gleichnis für das Schicksal der geliebten Menschen. Der Wechsel der Jahreszeiten, die Rückkehr der Pflanzen in den Schoß der Mutter Erde, die Verwandlung in eine neue Gestalt – diese Prozesse der Natur binden das schmerz-

hafte Erleben in einen für viele hilfreichen Deutungszu-
sammenhang ein.

Die Jüngerin Maria Magdalena, die es nach den Berichten
der Evangelien auch in Jesu Todesstunde bei ihrem
Freund und Meister ausgehalten hat, kommt am Morgen
nach seiner Beerdigung als Erste auf den Friedhof an sein
Grab. Als sie erkennt, dass das Grab leer und ihr damit
nun auch noch dieser Ort der Trauer genommen ist, wendet sie sich verzweifelt an den Gärtner. Sie weint um den
Menschen, durch den sie Gottes Nähe erfahren und der
ihre Seele zum Blühen gebracht hat. Der Gärtner scheint
der Einzige, der ihr in ihrer Verlassenheit noch helfen
kann. Ihre Seele ruft den Gärtner, da begegnet ihr der Auf-
erstandene. Auch heute können Menschen bei schmerz-
lichen und verwirrenden Erfahrungen im eigenen Seelengarten nichts Sinnvolleres tun, als diesen Gärtner ihrer
Seele um Hilfe zu bitten. (Johannes 20,1-18)

Am Tag nach dem Sabbat kam Maria aus Magdala in
aller Frühe zum Grab, als es noch dunkel war. Sie sah,
dass der Stein vom Eingang des Grabes entfernt war.
Da lief sie zu Simon Petrus und zu dem Jünger, den Jesus
besonders lieb hatte, und berichtete ihnen: »Sie haben den
Herrn aus dem Grab genommen und wir wissen nicht, wohin sie ihn gelegt haben!«
Petrus und der andere Jünger machten sich auf den Weg
zum Grab. Sie liefen miteinander los, aber der andere Jünger lief schneller als Petrus und war als Erster am Grab. Er **149**

beugte sich vor und sah die Leinenbinden liegen, aber er ging nicht hinein.

Als Simon Petrus nachkam, ging er sofort in die Grabkammer. Er sah die Leinenbinden und das Tuch, mit dem sie Jesus das Gesicht bedeckt hatten. Dieses Tuch lag nicht bei den Binden, sondern war getrennt davon zusammengelegt. Nun ging auch der andere Jünger hinein, der zuerst am Grab angekommen war. Er sah alles und kam zum Glauben. Denn sie hatten die Heiligen Schriften noch nicht verstanden, in denen doch steht, dass Jesus vom Tod auferstehen muss.

Danach gingen die beiden Jünger nach Hause zurück. Maria stand noch draußen vor dem Grab und weinte. Dabei beugte sie sich vor und schaute hinein. Da sah sie zwei weiß gekleidete Engel. Sie saßen an der Stelle, wo Jesus gelegen hatte, einer am Kopfende und einer am Fußende. »Frau, warum weinst du?«, fragten die Engel.

Maria antwortete: »Sie haben meinen Herrn fortgetragen und ich weiß nicht, wo sie ihn hingelegt haben!«

Als sie sich umdrehte, sah sie Jesus dastehen. Aber sie wusste nicht, dass es Jesus war. Er fragte sie: »Frau, warum weinst du? Wen suchst du?« Sie dachte, er sei der Gärtner, und sagte zu ihm: »Herr, wenn du ihn fortgenommen hast, dann sag mir, wo du ihn hingelegt hast. Ich will hingehen und ihn holen.« »Maria!«, sagte Jesus zu ihr. Sie wandte sich ihm zu und sagte: »Rabbuni!« Das ist Hebräisch und heißt: Mein Lehrer! Jesus sagte zu ihr: »Halte mich nicht fest! Ich bin noch nicht zum Vater zurückgekehrt. Aber geh zu mei-

150

nen Brüdern und sag ihnen von mir: ›Ich kehre zurück zu meinem Vater und eurem Vater, zu meinem Gott und eurem Gott.‹« Maria aus Magdala ging zu den Jüngern und verkündete: »Ich habe den Herrn gesehen!« Und sie richtete ihnen aus, was er ihr aufgetragen hatte.

Die menschliche Seele – ein bewässerter Garten
Was ist ein wahrhaftiger Gottesdienst?

Die christlichen Mystiker, aber auch die Mystiker anderer Religionen, vergleichen die menschliche Seele immer wieder mit einem Garten, der durch Gebet und Gottesdienst anfängt zu grünen und zu blühen. Der innige Wunsch, ein Gott wohlgefälliges Leben zu führen und sich Gottes Führung und Fürsorge anzuvertrauen, macht den Garten der Seele zu einem Ort der Fruchtbarkeit und des Segens – auch für andere Menschen.
Wer es zulassen kann, dass die göttliche Gärtnerhand in seiner Seele umgräbt, Neues einpflanzt, Unkraut jätet, schneidet und trockene Stellen bewässert, der erlebt nicht nur ein Aufblühen der eigenen Kräfte, sondern wird zu einer Quelle der Freude und Hilfe für andere. Das nennt die Bibel einen wahrhaftigen Gottesdienst. In einem von Gott bewässerten Seelengarten ist kein Platz für dunkle Impulse wie Spott und üble Nachrede, Unterdrückung, Ausbeutung und Misshandlung anderer. (Jesaja 58,3b-12)

151

»Ich, der HERR, sage: Seht doch, was ihr an euren Fasttagen tut! Ihr geht euren Geschäften nach und beutet eure Arbeiter aus. Ihr fastet zwar, aber ihr seid zugleich streitsüchtig und schlagt sofort mit der Faust drein. Darum kann euer Gebet nicht zu mir gelangen. Ist das vielleicht ein Fasttag, wie ich ihn liebe, wenn ihr auf Essen und Trinken verzichtet, euren Kopf hängen lasst und euch im Sack in die Asche setzt? Nennt ihr das ein Fasten, das mir gefällt?

Nein, ein Fasten, wie ich es haben will, sieht anders aus! Löst die Fesseln der Gefangenen, nehmt das drückende Joch von ihrem Hals, gebt den Misshandelten die Freiheit und macht jeder Unterdrückung ein Ende! Ladet die Hungernden an euren Tisch, nehmt die Obdachlosen in euer Haus auf, gebt denen, die in Lumpen herumlaufen, etwas zum Anziehen und helft allen in eurem Volk, die Hilfe brauchen! Dann strahlt euer Glück auf wie die Sonne am Morgen und eure Wunden heilen schnell; eure guten Taten gehen euch voran und meine Herrlichkeit folgt euch als starker Schutz. Dann werdet ihr zu mir rufen und ich werde euch antworten; wenn ihr um Hilfe schreit, werde ich sagen: ›Hier bin ich!‹

Wenn ihr aufhört, andere zu unterdrücken, mit dem Finger spöttisch auf sie zu zeigen und schlecht über sie zu reden, wenn ihr den Hungernden zu essen gebt und euch den Notleidenden zuwendet, dann wird eure Dunkelheit hell werden, rings um euch her wird das Licht strahlen wie am Mittag. Ich, der HERR, werde euch immer und überall führen, auch im dürren Land werde ich euch satt machen und euch meine Kraft geben. Ihr werdet wie ein Garten sein, der immer genug Wasser hat, und wie eine Quelle, die niemals versiegt. Was seit langer Zeit in Trümmern liegt, werdet ihr wieder aufbauen; auf den alten Fundamenten werdet ihr alles von neuem errichten. Man wird euch das Volk nennen, das die Lücken in den Stadtmauern schließt und die Stadt wieder bewohnbar macht.«

Gartenträume

So wie die Menschen jüdisch-christlicher Tradition sich den Anfang der Welt und des Lebens in einem großen wunderbaren Garten vorstellen, so sind auch ihre Zukunftsvisionen und Träume von der Endzeit häufig Gartenbilder, Bilder eines wiedergewonnenen Paradieses. Die Sehnsucht nach einem Leben im Einklang mit Gott und allen anderen Lebewesen, nach einer ungestörten Teilhabe an den Rhythmen und Reifungsprozessen der Natur, nach Heilung, Frieden und Wohlstand drückt sich aus in den Weissagungen der alttestamentlichen Propheten und in der Offenbarung des Johannes am Ende des Neuen Testaments.

Gärten geben Raum zum Träumen. Menschen brauchen die Bilder eines himmlischen Gartens, die Verheißungen vom Wasser im dürren Land, vom neuen Leben, das aus dem Baumstumpf treibt, von der Ernte im Überfluss und den Blumen der Sorglosigkeit und des Friedens, um heute zu überleben. »Wer keinen Mut zum Träumen hat, hat keine Kraft zum Kämpfen« (Paul M. Zulehner).

Schwerter zu Pflugscharen
Der Frieden für die Völker geht vom Berg Zion aus

»Schwerter zu Pflugscharen!« – vielen klingt dieser Slogan noch in den Ohren aus der Zeit der Friedensbewegung im ehemals geteilten Deutschland in den Jahren des Kalten Kriegs. Aufnäher und Anstecknadeln auf Jacken und Pullovern zeigten deutlich, worum es den Menschen ging, die sich damals mit diesem Wort des Propheten Micha identifizierten und in öffentlichen Aktionen dafür warben: Frieden schaffen ohne Waffen. Das Kriegsgerät umschmieden in Ackergeräte – Schwerter in Pflüge, Speerspitzen in Winzermesser – und miteinander leben ohne Rüstung und ohne Angst. Statt das Kriegshandwerk zu erlernen und in Aufrüstung zu investieren, sollten Energie und Kosten zur Pflege der Natur und Umwelt eingesetzt werden. Die Menschen sollten wieder lernen, im Einklang mit der Schöpfung und im Frieden miteinander zu leben.

Die Vision des Propheten Micha hat schon die Menschen in Israel im 7. Jahrhundert v. Chr. beflügelt. Sie waren konfrontiert mit der Zerstörung des Landes, ihrer Hauptstadt, ihres Tempels und ihres privaten Glücks. Es war ihre Hoffnung, dass sich eines Tages Gottes Gerechtigkeit und Liebe gegen allen Streit unter den Völkern durchsetzen würde. Vom Tempelberg in Jerusalem, dem Zion aus, würde Gott ein Weltreich des Friedens errichten und die Menschen verschiedenen Glaubens zu einer Gemein-

155

schaft zusammenbringen. »Jeder wird in Frieden bei seinen Feigenbäumen und Weinstöcken wohnen« – ein
Traum, der bis heute nichts an Ausstrahlung und Anzie-
hungskraft verloren hat. (Micha 4,1-4)

E s kommt eine Zeit, da wird der Berg, auf dem der Tempel des HERRN steht, unerschütterlich fest stehen und
alle anderen Berge überragen. Die Völker strömen zu ihm
hin. Überall werden die Leute sagen: »Kommt, wir gehen
auf den Berg des HERRN, zu dem Haus, in dem der Gott
Jakobs wohnt! Er soll uns lehren, was recht ist; was er sagt,
wollen wir tun!« Denn vom Zionsberg in Jerusalem wird
der HERR sein Wort ausgehen lassen.
Er weist mächtige Völker zurecht und schlichtet ihren
Streit, bis hin in die fernsten Länder. Dann schmieden sie
aus ihren Schwertern Pflugscharen und aus ihren Speerspitzen Winzermesser. Kein Volk wird mehr das andere
angreifen und niemand lernt mehr das Kriegshandwerk.
Jeder wird in Frieden bei seinen Feigenbäumen und Weinstöcken wohnen, niemand braucht sich mehr zu fürchten.
Der HERR, der Herrscher der Welt, hat es gesagt.

Ein Baumstumpf treibt wieder aus
Das zukünftige Friedensreich

Die große alte Platane in der Mitte des Platzes soll umge-
sägt werden. Sie sei eine Gefahr für Menschen, Fahrzeuge

und Gebäude ... Anwohner liefern sich heftige Diskussionen mit den Verantwortlichen der Stadt: »So ein wunderbarer Baum!« »Als Kinder sind wir in seinen Zweigen geklettert. Wir sind mit ihm groß geworden!« »Als Verliebte haben wir Botschaften in seine Rinde geritzt.« »Herrliche Sommerfeste haben wir im Schatten der Platane gefeiert!« »Wie schön er war, im Frühling, und dann im Herbst diese besonderen Früchte!« »Sehen Sie doch: Er hat Charakter!« »Der Baum muss bleiben, er ist unser Freund!«

Menschen und Bäume scheinen verwandt. Wenn so ein richtig starkes Exemplar gefällt werden muss, tut uns das in der Seele weh. Die große runde Sägefläche starrt uns hinterher lange an wie eine offene Wunde. Aber manchmal geschieht im darauf folgenden Frühjahr etwas Unerhörtes: Aus dem abgesägten Baumstumpf sprießt ein frischer, grüner Trieb hervor. Der Baum hat sich nicht in sein Schicksal ergeben. Aus den Wurzeln des alten wächst ein neuer, junger Baum. Mit aller Macht streckt er sich zum Licht, er will leben und Frucht bringen. Was für ein Hoffnungszeichen für alle, die meinen, am Ende ihrer Möglichkeiten angekommen zu sein! Einzelnen Menschen kann es so gehen oder auch ganzen Völkern: umgehauen, abgesägt, niedergemacht – und doch nicht tot! In den Wurzeln steckt noch Leben. Die Wurzeln holen sich Nährstoffe und Kraft aus der Tiefe und bringen wider Erwarten neue Triebe hervor. Es besteht berechtigte Hoffnung, dass an gleicher Stelle wieder ein kräftiger Baum entsteht, der

157

ganz neue Möglichkeiten eröffnet. Der Anfang für ein neues, glückliches Leben ist gemacht. (Jesaja 11,1-10)

Ein Spross wächst aus dem Baumstumpf Isai,
ein neuer Trieb schießt hervor aus seinen Wurzeln.
Ihn wird der HERR mit seinem Geist erfüllen,
dem Geist, der Weisheit und Einsicht gibt,
der sich zeigt in kluger Planung und in Stärke,
in Erkenntnis und Ehrfurcht vor dem HERRN.
Gott zu gehorchen ist ihm eine Freude.
Er urteilt nicht nach dem Augenschein
und verlässt sich nicht aufs Hörensagen.
Den Entrechteten verhilft er zum Recht,
für die Armen im Land setzt er sich ein.
Seine Befehle halten das Land in Zucht,
sein Urteilsspruch tötet die Schuldigen.
Gerechtigkeit und Treue umgeben ihn wie der Gürtel,
der seine Hüften umschließt.

Dann wird der Wolf beim Lamm zu Gast sein,
der Panther neben dem Ziegenböckchen liegen;
gemeinsam wachsen Kalb und Löwenjunges auf,
ein kleiner Junge kann sie hüten.
Die Kuh wird neben dem Bären weiden
und ihre Jungen werden beieinander liegen;
der Löwe frisst dann Häcksel wie das Rind.
Der Säugling spielt beim Schlupfloch der Schlange,
das Kleinkind steckt die Hand in die Höhle der Otter.

Niemand wird Böses tun und Unheil stiften
auf dem Zion, Gottes heiligem Berg.
So wie das Meer voll Wasser ist,
wird das Land erfüllt sein von Erkenntnis des HERRN.
Wenn jene Zeit gekommen ist,
dann wird der Spross aus der Wurzel Isais
als Zeichen dastehen, sichtbar für die Völker;
dann kommen sie und suchen bei ihm Rat.
Von dem Ort, den er zum Wohnsitz nimmt,
strahlt Gottes Herrlichkeit hinaus in alle Welt.

Wasser des Lebens und Blätter der Heilung
Der Strom, der vom Tempel ausgeht

In großen hellen Buchstaben steht es auf den blauen Wer-
befahnen des Wasserwerks: »WASSER IST LEBEN«. Und so
ist es. Die Evolutionstheorie lehrt es uns: Alles Leben auf
dieser Erde kommt letztlich aus dem Wasser, von der
Schlingpflanze bis zum Akazienbaum, von der Amöbe bis
zum Rhinozeros. Und so bestätigt es auch unsere tägliche
Erfahrung: ohne Wasser kein Leben! Wir wissen um seine
Kostbarkeit. Viel elementarer noch spüren es Menschen
in den Ländern des Vorderen Orients, in denen die biblischen Texte entstanden sind. Bis heute ist der Zugang zu
Brunnen und Quellen, zu Seen und Flussläufen bei ihnen
heiß umkämpft. Hitze und Trockenheit laugen den Boden
aus. Das extrem salzige Wasser des Toten Meeres führt **159**

keine Fische und ist unbrauchbar für die Bewässerung
von Gärten und Feldern.

Angewiesen zu sein auf den Tau am Morgen, das Grund-
wasser tief unten im steinigen Erdreich, die wenigen
Oasen und die Regenwolken, die nur selten vom Mittelmeer herüberziehen, das war für die Menschen der Bibel
ein Bild für ihre totale Abhängigkeit von Gott. »Wie ein
Hirsch nach frischem Wasser lechzt, so sehne ich mich
nach dir, mein Gott!«, beteten sie (Psalm 42,1). Die Ent-
deckung einer Quelle war darum für sie wie eine Tür zu
Gott, dem Vater allen Lebens.

Das müsste wunderbar sein, wenn der Tempel, der heilige
Raum der Gottesbegegnung, zugleich der Ursprungsort
einer nie versiegenden Quelle wäre, deren Wasser in der
Umgebung fruchtbares und gesundes Leben ermöglichte:
blühende Gärten, Schatten spendende Bäume, Früchte
im Überfluss, Weideland für die Tiere und heilende Blätter
für die Leiden der Menschen! Süßes Wasser, das in Strömen vom Tempelberg bis hinunter ins Tote Meer flösse
und seinen Salzgehalt erträglich machte. Ein Paradies!
Die Hoffnung der Menschen auf Gott war immer auch die
Hoffnung auf Wasser: »Du selbst bist die Quelle, die uns
Leben schenkt«, sangen sie. (Jesaja 35,1-2.5-7; Ezechiël/
Hesekiël 47,1-12)

D ie Steppe soll sich freuen,
das dürre Land glücklich sein,
die Wüste jubeln und blühen!

Mit Blumen soll sie sich bedecken,
jauchzen und vor Freude schreien!
Herrlich wie der Libanon soll sie werden,
prächtig wie der Berg Karmel
und wie die Ebene Scharon.
Dann sieht das Volk die Herrlichkeit des HERRN,
die Pracht und Hoheit unseres Gottes.
Dann können die Blinden wieder sehen
und die Tauben wieder hören.
Dann springt der Gelähmte wie ein Hirsch
und der Stumme jubelt vor Freude.
In der Wüste brechen Quellen auf
und Bäche ergießen sich durch die Steppe.
Der glühende Sand verwandelt sich zum Teich
und im dürren Land sprudeln Wasserquellen.
Wo jetzt Schakale ihr Lager haben,
werden dann Schilf und Riedgras wachsen.

Der Mann, der mich führte, brachte mich zur Eingangstür des Tempelhauses, die an der Ostseite angebracht ist. Dort sah ich unter der Türschwelle einen Wasserlauf entspringen; ein Stück weit floss er an der Eingangsseite des Tempels entlang nach Süden, dann bog er um und floss am Altar vor dem Tempel vorbei nach Osten.
Der Mann brachte mich durch die beiden nördlichen Tore aus dem Tempelbezirk und dann im Bogen zum äußeren Osttor. Da sah ich, wie das Wasser auf der südlichen Seite des Tores hervorquoll. **161**

Mit seiner Messschnur ging der Mann ostwärts und maß eine Strecke von 1000 Ellen ab. Dann ließ er mich durch das Wasser waten; es reichte mir bis an die Knöchel. Er maß weitere 1000 Ellen ab, da reichte das Wasser mir schon bis an die Knie. Nach weiteren 1000 Ellen ging es mir bis zu den Hüften. Als er noch einmal 1000 Ellen abgemessen hatte, verlor ich den Grund unter den Füßen. Das Wasser war zu einem Fluss geworden, den man nur noch schwimmend durchqueren konnte.

Der Mann sagte zu mir: »Du Mensch, hast du das gesehen?« Dann half er mir aus dem Wasser und führte mich ans Ufer. Da sah ich auf beiden Seiten des Flusses eine große Zahl von Bäumen stehen. Der Mann erklärte mir: »Der Fluss fließt immer weiter nach Osten, bis er in die Jordanebene kommt; dann ergießt er sich in das Tote Meer und macht das Salzwasser süß. Der Fluss schenkt Leben: Wo er hinkommt, gedeihen die Tiere, und das Tote Meer wimmelt von Fischen, weil sein Wasser gesund geworden ist. Rings am Ufer des Meeres stehen Fischer; von En-Gedi bis En-Eglajim breiten sie ihre Netze zum Trocknen aus. Es gibt dort so viele Fische und Fischarten wie im Mittelmeer.

Nur in den Sümpfen und Teichen am Meer bleibt das Wasser salzig, damit daraus Salz gewonnen werden kann. Die Bäume, die an beiden Ufern des Flusses stehen, sind das ganze Jahr über grün und bringen immerfort Früchte, jeder nach seiner Art. Zwölfmal im Jahr lassen sich frische Früchte von ihnen ernten; denn die Bäume wachsen an dem Wasser, das aus dem Heiligtum des HERRN kommt. Die Früchte dienen als Nahrung und die Blätter als Heilmittel.«

Das wiedergewonnene Paradies
Hoffnung für Israel nach der Katastrophe

Erdbeeren in der Weihnachtszeit, neue Kartoffeln im Februar, Tomaten, Äpfel und Bananen das ganze Jahr ... Wir haben uns daran gewöhnt, dass in der Obst- und Gemüseabteilung des Supermarkts die Jahreszeiten aufgehoben sind. Zu jeder Zeit können wir an fast alle Früchte des Gartens und des Feldes herankommen, alle Bedürfnisse sofort befriedigen. Kinder und Jugendliche ohne Bezug zu Gartenarbeit und Landwirtschaft können darum oft die Monate der Aussaat und der Ernte nicht mehr zuordnen. Ältere Menschen dagegen sieht man kopfschüttelnd vor den Regalen stehen: »Pflaumen gehören doch nicht in den Mai!«
Viele Menschen haben ambivalente Gefühle, wenn die Zeiten des Wartens und der Entbehrung so ganz wegfallen. Hat es nicht auch seinen Reiz, sich das ganze Jahr auf die Erdbeeren im Juni zu freuen? Die Aufhebung der Jahreszeiten und der Wartezeiten, Ernte zu jeder Zeit und im Überfluss, ein Leben ohne Bedrohung und Entbehrung – das war in der Notzeit des Propheten Amos der Traum vom wiedergewonnenen Paradies. (Amos 9,13-15)

163

»Es kommt eine Zeit – sagt der HERR –, da werden die Schnitter schon zur Ernte antreten, kaum dass der Pflüger seine Arbeit beendet hat, und an die Weinlese schließt sich sogleich die nächste Aussaat. Es wird so viele Trauben geben, dass ihr Saft die Berge und Hügel herabfließt.

Dann werde ich für mein Volk alles wieder zum Guten wenden. Die Leute von Israel werden die zerstörten Städte wieder aufbauen und auch darin wohnen, sie werden Weinberge anpflanzen und den Wein davon trinken, werden Gärten anlegen und essen, was darin wächst. Ich werde mein Volk wieder in das Land einpflanzen, das ich ihm gegeben habe, sodass es niemand mehr herausreißen kann.« Das sagt der HERR, euer Gott.

Alles wird gut
Das himmlische Jerusalem

»Wie grün die Stadt ist«, staunen die Passagiere an den Fenstern, als ihr Flugzeug in einer großen Schleife über das Stadtgebiet fliegt und zum Landeanflug ansetzt. Die ausgedehnten Park- und Gartenflächen sind von oben besonders gut zu sehen, ebenso der Fluss, der sich wie ein silbernes Band durch die Stadt schlängelt. Grüne Kupferdächer, goldglänzende Türme und die blanken Glasflächen der modernen Gebäude reflektieren das Sonnenlicht. »Diese Stadt bietet Lebensqualität; es muss schön sein, dort zu wohnen!«, denken die Fluggäste und freuen sich auf die Landung ihrer Maschine.

Voll freudiger Erwartung schaut auch der Seher Johannes in einer Vision am Ende der Bibel auf die Stadt Jerusalem. Ein Engel zeigt ihm den Strom des Lebens, der – von Paradiesbäumen gesäumt – durch die von Gold, Perlen und Edelsteinen glänzende Stadt fließt. Das klare Wasser des Lebens und die heilsamen Blätter und Früchte der Bäume stehen allen zur Verfügung, die in dieser Stadt wohnen. Mitten in der Stadt – für alle sichtbar – wohnt Gott. Seine Gegenwart erleuchtet Straßen und Häuser. Leiden, Bosheit und Streit haben sich ganz aus der Stadt zurückgezogen. Vertrauen und Frieden verbinden die Menschen mit Gott und untereinander. Wie im Paradiesgarten am Anfang der Welt leben hier alle Lebewesen im Einklang miteinander. Es muss wunderbar sein, an einem solchen Ort zu leben. (Offenbarung 22,1-5)

D er Engel zeigte mir auch den Strom mit dem Wasser des Lebens, der wie Kristall funkelt. Der Strom entspringt am Thron Gottes und des Lammes und fließt entlang der Hauptstraße mitten durch die Stadt. An beiden Seiten des Flusses wachsen Bäume: der Baum des Lebens aus dem Paradies. Sie bringen zwölfmal im Jahr Frucht, jeden Monat einmal. Ihre Blätter dienen den Menschen aller Völker als Heilmittel.

In der Stadt wird es nichts mehr geben, was unter dem **165**

Fluch Gottes steht. Der Thron Gottes und des Lammes wird in der Stadt stehen. Alle, die dort sind, werden Gott als Priester dienen, sie werden ihn sehen, und sein Name wird auf ihrer Stirn stehen. Es wird keine Nacht mehr geben und sie brauchen weder Lampen- noch Sonnenlicht. Gott, der Herr, wird über ihnen leuchten, und sie werden in alle Ewigkeit als Könige herrschen.

Nachwort

In unerwartet vielfältiger und bedeutsamer Weise durchzieht das Garten-Thema die ganze Bibel – vom ersten bis zum letzten Kapitel. Aus der Perspektive der Pflanzen und des Gartenlebens lassen sich viele zentrale Themen des Glaubens erschließen. Die Bibel selbst gäbe Anlass, eine regelrechte »Theologie des Gartens« zu entwickeln. Gartenfreundinnen und -freunde jedenfalls haben eine bevorzugte Möglichkeit, sich Themen und Texten der Bibel zu nähern. Sie finden kräftige Spuren ihrer eigenen Erfahrungen in diesem Buch: Ihre alltägliche Lebenswelt wird berührt, wenn Gott in der Bibel als großer Gärtner geschildert und die ganze Schöpfung wie ein wunderbarer Garten beschrieben wird. Sie können verstehen, dass Gott die Mitarbeit der Menschen als Gärtner und Gärtnerinnen braucht. Aus eigener leidvoller Erfahrung wissen sie auch, dass Menschen an dieser Aufgabe immer wieder scheitern und ihren Platz im Paradies verlieren können. Das Neue Testament spricht von der Hoffnung auf eine Wiedereröffnung des Gartens für alle Menschen und verbindet sie mit dem Leben, Sterben und Auferstehen Jesu Christi. »Heut' schließt er wieder auf die Tür zum schönen Paradeis«, heißt es darum in einem bekannten Weihnachtslied. Der Garten ruft, die Sehnsucht ist da, und es gibt nichts Besseres, als mit dem Bild vom himmlischen Garten im Herzen immer neu an die Arbeit zu gehen.

Die Bibel spricht den Menschen als Gärtner an, aber sie vergleicht ihn auch mit einer Blume, einem Baum, einem Weinstock. Menschen, denen Pflanzen nahe stehen, haben meistens Zugang zu solchen Vergleichen. Sie erleben, dass sie – wie die Pflanzen – nicht aus eigener Kraft wachsen und Frucht bringen können, sondern dass ein anderer sie gepflanzt hat und sie auf seine Pflege und Fürsorge angewiesen sind. Die unmittelbare Zusammengehörigkeit allen Lebens, die in der Bibel immer wieder betont wird, kann im Garten exemplarisch erlebt werden. Es wäre schön, wenn das stetig wachsende Interesse an Gärten in unserem Land dazu führte, dass immer mehr Menschen eigene Lebensspuren in der Bibel entdeckten.